JN081755

デジ単

デジタルマーケティングの単語帳

イメージでつかむ
重要ワード365

村山亮太 = 著

糸乘健太郎 = イラスト

SE
SHOEISHA

はじめに

　現在、難解に聞こえる単語のオンパレードがデジタルマーケティングの理解への大きな障壁になっています。理解しようと調べても、難解な言い回しばかりで何を意味しているか伝わりにくいものであったり、平易な文章で書かれていても冗長的すぎて逆に本質が見えにくくなってしまっているものも多く、これらが様々な方々の勉励意欲を大きく削いでしまっています。

　このような状況を克服すべく、本書は企画されました。本書の要諦は、重要単語にフォーカスを当て、各ジャンルの単語に初めて接する方々に、必要な情報を理解しやすい形で提供することです。

　これを実現すべく、下記4つのコンセプトを設定し制作を進めました。

①単語　　：各ジャンルの最新重要ワードを抽出。それぞれに
　　　　　　英語表記を付記し、英単語帳としても機能するよ
　　　　　　うに（対応する英語がある場合）。
②意味　　：辞書的で理解しづらいものではなく、よりシンプ
　　　　　　ルで実務に生きるものに。
③解説　　：必要なファクトと実務事項をシンプルで理解し
　　　　　　やすい形に。
④イラスト：イラストだけ見てもその単語のイメージがおお
　　　　　　よそつかめるレベルのものに。

単語は本来、様々な説明をショートカットし、お互いのコミュニケーションをより豊かで円滑にするものです。例えばアンパンマンの話をする際、アンパンマンのことを知っている者同士が話す内容と、そうでない者同士が話す内容とでは、会話の豊饒さには大きな違いがあることでしょう。また、アンパンマンのことを一方のみが知る場合、知らない一方に「アンパンマンとは、正義感が強く非常に心優しいが、パンチ力は高く、時に実力行使も辞さないアンパン要素を含んだ有機体（と思わしきもの）」などとどれだけその場で説明しようとも、会話が遅々として進まないばかりか、アンパンマンの一番大切な部分を伝えられていないようにも思います。

　デジタルマーケティングにおいても、同様のことが起こっています。会話の中に出てくる単語にコンセンサスがある場合とそうでない場合とでは、打ち合わせの充実度が大きく異なってきます。また、参加者間で単語知識に偏りがある場合、単語は言葉のカーテンとしての機能を発揮して、参加者を分断し、建設的な議論を阻害してしまうのです。

　本書を通して、デジタルマーケティングの頻出単語がそれぞれ単に理解されるだけではなく、少しでもアンパンマンと同じような親しみのある存在として認識してもらえれば幸いです。完成までに想定していた以上の時間を費やすことになりましたが、本書が1人でも多くの方々に好意でもって受け入れられ、満足でもって読了せらるることを切に祈願します。

著者

Special Thanks

本書の制作にご協力いただいたみなさま（敬称略）

アマゾンジャパン合同会社
　　プログラマティックパートナーマネージャー　五味ナンシー

インテグラルアドサイエンスジャパン株式会社
　　シニアアカウントエグゼクティブ＆エバンジェリスト　山口武

GroundTruth Japan
　　Head of Japan　安里勇吾

株式会社スタディスト
　　CMO　森勇樹

Supership株式会社
　　プラットフォーム事業部 事業部長　大野祐輔

株式会社DAサーチ＆リンク
　　ストラテジックセールスディビジョン　吉川雅博

株式会社DataCurrent
　　シニアマネージャー　佐藤裕之

ブライトコーブ株式会社
　　プリンシパル・テクニカル・コンサルタント　土屋尚

株式会社VOYAGE GROUP
　　ブランド戦略室　室長　吉濱正太郎

株式会社 LIVE BOARD

  代表取締役社長　神内一郎

株式会社電通デジタル

  代表取締役社長　鈴木禎久
  プラットフォーム部門　部門長　高田了
  プラットフォーム2部　事業部長　北出季伸
  グローバルアカウント事業部　グループマネージャー　餅原創平
  アドバンストクリエーティブセンター　コピーライター　廣瀬大
  プランニング第2事業部　コミュニケーションプランナー　舩曳慧美
  アドバンストクリエーティブセンター　坊古居将平

株式会社電通

  顧客ビジネス局　統合ソリューション部　中村祐斗
  データ・テクノロジー・センター　丸山裕史
  データ・テクノロジー・センター　江頭瑠威
  データ・テクノロジー・センター　竹谷明泰
  ラジオテレビビジネスプロデュース局　一枝悟史

電通イージスネットワーク

  アムネット　チーフデータサイエンティスト　近藤康一朗

＊2019年12月31日時点の所属会社・部署を記載しています

本書の使い方

本書では、デジタルマーケティングで使われる 365 の用語を解説しています。すべての単語はイラストとセットで説明しているので、初めて学ぶときには理解しやすく、復習するときには思い出しやすくなっています。

┃ページ紹介

本書は 6 つの章（カテゴリ）に分かれており、それぞれ下記のページで構成されています。

❶カテゴリの全体像

カテゴリは「基礎指標」「トラッキング」「広告配信」など 6 つに分類されています。各カテゴリの初めでは、そのカテゴリの全体像を示します。

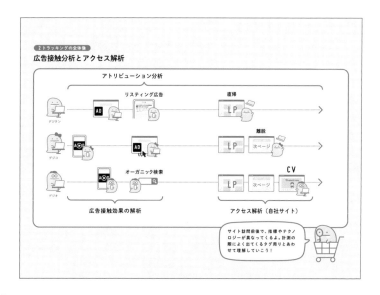

❷単語解説（左ページ）

左側のページでは、単語の意味や使い分け、業務上のポイントを解説しています。

意味
単語の意味をわかりやすく一言で表しています。

解説
各単語を似た言葉との違い、業務上のポイント、例を交えながら解説しています。

代表例
その単語の代表的なサービスやツールがある場合は紹介しています。

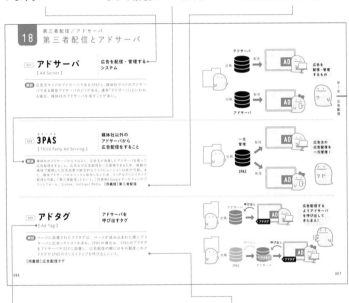

英語表記
海外のサイトを読むときや、海外出張に便利な英語表記つき（※英語表記不明なものは省略）。

同義語
同じ意味で使われる単語も併記。索引からも探せます。

❸イラスト（右ページ）

右側のページでは、各単語をイラストで解説。イラストを見るだけでもある程度意味がわかるようになっているので、説明を読む前にイラストを見てイメージをつかむ、という読み方もできます。

≫ 目次

第 1 章 ┊ 基礎指標

第 2 章 トラッキング

第 3 章 広告配信

第4章 オーディエンスデータ

第 5 章 ｜ SEO

第 6 章 ソリューション

デジタルの「D」の文字でできたデジタンです。一緒に難しく見えがちなデジタル単語を学んでいこう。

本書内容に関するお問い合わせについて

このたびは翔泳社の書籍をお買い上げいただき、誠にありがとうございます。弊社では、読者の皆様からのお問い合わせに適切に対応させていただくため、以下のガイドラインへのご協力をお願い致しております。下記項目をお読みいただき、手順に従ってお問い合わせください。

●ご質問される前に

弊社Webサイトの「正誤表」をご参照ください。これまでに判明した正誤や追加情報を掲載しています。

正誤表　https://www.shoeisha.co.jp/book/errata/

●ご質問方法

弊社Webサイトの「刊行物Q&A」をご利用ください。

刊行物Q&A　https://www.shoeisha.co.jp/book/qa/

インターネットをご利用でない場合は、FAXまたは郵便にて、下記"翔泳社 愛読者サービスセンター"までお問い合わせください。
電話でのご質問は、お受けしておりません。

●回答について

回答は、ご質問いただいた手段によってご返事申し上げます。ご質問の内容によっては、回答に数日ないしはそれ以上の期間を要する場合があります。

●ご質問に際してのご注意

本書の対象を越えるもの、記述個所を特定されないもの、また読者固有の環境に起因するご質問等にはお答えできませんので、予めご了承ください。

●郵便物送付先およびFAX番号

送付先住所　　〒160-0006　東京都新宿区舟町5
FAX番号　　　03-5362-3818
宛先　　　　　（株）翔泳社 愛読者サービスセンター

❶ 基礎指標

インプレッションから購入までの各指標

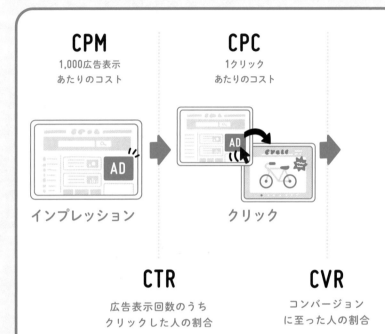

CPM
1,000広告表示
あたりのコスト

CPC
1クリック
あたりのコスト

インプレッション

クリック

CTR
広告表示回数のうち
クリックした人の割合

CVR
コンバージョン
に至った人の割合

【例題】広告費が100万円で、右記のような配信結果になった。
この場合のCPM、CPC、CTR、CVR、ROAS、ROIは？
（計算方法は各単語の解説で）

CPA
1コンバージョン
あたりのコスト

ROAS
広告費用に対し
て得られた収益

ROI
投資に対して
得られた利益

コンバージョン

収益・利益

Plan ➡ Do
計画　　　　　　実行

KPI 具体的数値目標

Action ➡ Check
改善・対策　　　　　検証

インプレッション数：10,000,000、クリック数：10,000、
コンバージョン数：100、収益：200万円、利益：80万円

初心者がまず戸惑ってしまう英単語のオン
パレード。非常に小難しい響きがあるけど、
内容自体はとてもシンプル。この章で基本
単語を1つ1つ押さえていこう！

001 > **KGI**
ケージーアイ
【 Key Goal Indicator 】

大目標

(解説) ビジネスにおける最終目標を定量的に評価するための指標。正確には「重要目標達成指標」と訳される。

002 > **KPI**
ケーピーアイ
【 Key Performance Indicator 】

中間目標

(解説) KGIを達成するために設定された中間指標。正確には「重要業績評価指標」と訳される。

003 > **KPIツリー**
ケーピーアイ
【 KPI Tree 】

KGIとKPIの関係を
表したロジックツリー

(解説) KGIを達成するための要素を1階層ずつ分解し、ツリー型にした図。効果的にまとめられると、ボトルネックの把握が容易になるだけでなく、各部署やメンバーの責任範囲も明確になる。

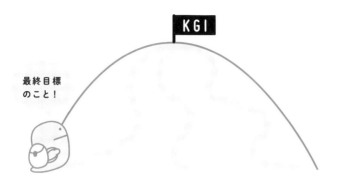

最終目標
のこと！

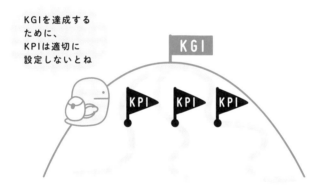

KGIを達成する
ために、
KPIは適切に
設定しないとね

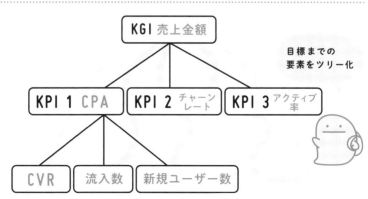

目標までの
要素をツリー化

PDCA/PDCAサイクル
ビーディーシーエー
ビーディーシーエー
004
【 Plan-Do-Check-Action 】

計画的に実行し、
次に生かすこと

解説 Plan（計画）→ Do（実行）→ Check（評価）→ Action（改善）の
4段階を繰り返すことによって、業務を継続的に改善する。

A/Bテスト
エー　ビー
005
【 A/B Testing 】

複数クリエイティブの
効率性をテストすること

解説 バナー広告やランディングページなどのクリエイティブを複数パ
ターン用意し、実際の効果を比較すること。やみくもにテストする
のではなく、計画・仮説を立てて分析し次に生かすこと、すなわち
PDCAを回すことが重要。

[同義語] スプリットラン、スプリットテスト

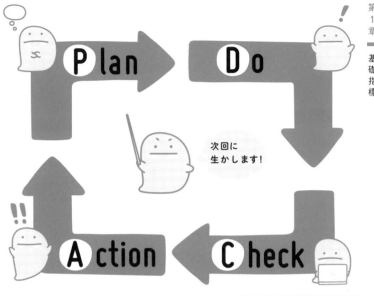

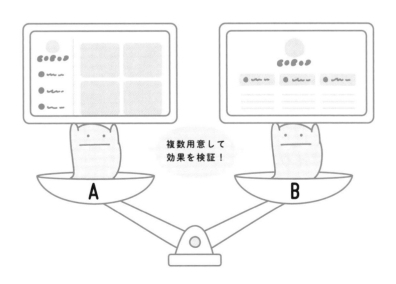

03 広告基礎指標

---

006 インプレッション
【 Impression 】

広告表示

解説 広告が表示されること。広告が表示された回数のことを「インプレッション数」という。

[同義語] インプ、imp

---

007 クリック
【 Click 】

**広告がユーザーに
クリックされること**

解説 表示された広告がユーザーにクリックされること。その回数のことを「クリック数」という。

---

008 コンバージョン(CV)
【 Conversion 】

**成果地点に
到達すること**

解説 設定された成果地点に到達すること。成果地点は企業や事業ごとに異なる（例：商品購入、会員登録、資料請求など）。成果地点への到達数のことを「コンバージョン数」という。Conversionは「転換、変換」という意味。

---

009 マイクロ
コンバージョン
【 Micro Conversion 】

暫定コンバージョン

解説 コンバージョンまでのプロセスにおいて重要なポイントとして設定される到達点。コンバージョン数が非常に少ない場合は分析や最適化が十分にできないため、暫定的な成果地点として補足的に利用されることがある。設定については任意。

表示
されること

クリックする
こと

（例えば）
購入すること

マイクロ
コンバージョン

コンバージョン

浅い地点に
設定する暫定
コンバージョン

| 商品検索 | 商品詳細 | カート | フォーム | 購入完了 |

04 広告基礎指標
広告効率指標

010 > **クリック率**(CTR)
【 Click Through Rate 】

クリック数÷
インプレッション数(%)

解説 インプレッション数のうち、広告がクリックされた回数の割合。どれだけ効率よくクリックされているかを把握するための指標。

011 > **コンバージョン率**(CVR)
【 Conversion Rate 】

コンバージョン数÷
クリック数(%)

解説 クリック(ウェブサイトへのアクセス数)のうち、コンバージョンされた回数の割合。どれだけ効率よくコンバージョンされているかを把握するための指標。

インプレッション

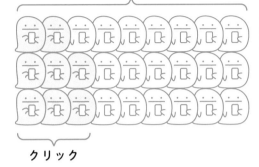

インプレッション
数のうち
クリックされた
割合

クリック

クリック

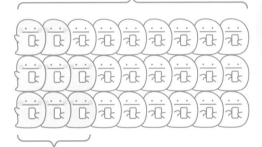

分母は
インプレッション数
じゃなくて
クリック数だよ

購入

問題！

広告配信の結果、インプレッション数
5,000,000、クリック数10,000、コン
バージョン数200を獲得した。この場
合のCTR、CVRは？

CTR _____ CVR _____

問題の答え
CTR = 10,000click ÷ 5,000,000imp × 100 = 0.2%、
CVR = 200cv ÷ 10,000click × 100 = 2%

05 広告コスト指標

| 012 | シーピーエム
CPM
【 Cost Per Mille 】 | コスト÷
インプレッション数×
1,000（金額） |

解説 広告表示（インプレッション）1,000回あたりのコスト。インプレッション単価の高低を把握するための指標。Mille はラテン語で「1,000」という意味。

| 013 | シーピーシー
CPC
【 Cost Per Click 】 | コスト÷クリック数
（金額） |

解説 広告クリック1回あたりのコスト。クリック単価の高低を把握するための指標。

| 014 | シーピーエー
CPA
【 Cost Per Action/Cost Per Acquisition 】 | コスト÷
コンバージョン数
（金額） |

解説 コンバージョン1回あたりのコスト。コンバージョン単価の高低を把握するための指標。

| 015 | シーピーアイ
CPI
【 Cost Per Install 】 | コスト÷
インストール数
（金額） |

解説 1インストールあたりの（広告）コスト。インストールもコンバージョンの1つであるため、その獲得効率はCPAで表記してもよいが、スマートフォンアプリの広告施策ではインストールが成果地点となることがほとんどであるため、特別に切り出してCPIと表現されることが多い。

1,000回見られる
のにいくら
かかったか

1クリックに
いくら
かかったか

1つの購入に
いくら
かかったか

1つのインストールに
いくら
かかったか

06 広告基礎指標
費用対効果指標

016〉 **ROAS** （ロアス）
【 Return On Advertising Spend 】

収益÷広告費用（%）

解説 広告費に対する、広告経由の収益の割合。広告によって収益をどれだけ効率的に獲得できたのかを把握するための指標。Return On Advertising Spendを日本語にすると「広告費用に対するリターン」。

017〉 **ROI** （アールオーアイ）
【 Return On Investment 】

利益÷コスト（%）

解説 広告費などの投資に対する、利益の割合。広告などの投資によって、利益をどれだけ効率的に獲得できたのかを把握するための指標。Return On Investmentは、日本語にすると「投資に対するリターン」という意味。Investmentは広告だけに限らない点に注意。

収益

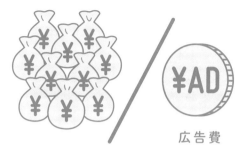

広告費

広告費に対する
収益の割合

利益

広告費など

広告費などの
投資に対する
利益の割合

問題！

広告費100万円を使い、インプレッション数
5,000,000、クリック数10,000、コンバージョン
数200、収益300万円、利益150万円を獲得した。
この場合のCPM、CPC、CPA、ROAS、ROIは？

| CPM | CPC | CPA |
| ROAS | ROI |

問題の答え

CPM = 100万円 ÷ 5,000,000imp × 1000 = 200円、CPC = 100万円 ÷ 10,000click =
100円、CPA = 100万円 ÷ 200cv = 5,000円、ROAS = 300万円 ÷ 100万円 ×
100 = 300%、ROI = 150万円 ÷ 100万円 × 100 = 150%

06 費用対効果指標

018 > **ARPU**
アープ
【 Average Revenue Per User 】

収益÷
ユーザー数（金額）

解説 ユーザー1人あたりの平均収益金額。非課金ユーザー含む全ユーザーを分母にする。

---

019 > **ARPPU**
アープ
【 Average Revenue Per Paid User 】

収益÷課金ユーザー数
（金額）

解説 課金ユーザー1人あたりの平均収益金額。非課金ユーザーを含まず、課金ユーザーのみを分母にする。

---

020 > **LTV**
エルティーブイ
【 Life Time Value 】

1人の顧客が生涯で
もたらす利益

解説 1人の顧客が特定企業と取引を開始してから終了するまでの間にもたらす、トータルの利益のこと。Life Time Value は、日本語では「顧客生涯価値」と訳される。

全ユーザー

ユーザー
1人あたり
いくら
使っているか

課金ユーザーのみ

課金ユーザー
1人あたり
いくら
使っているか

問題！

月間ユーザー数が100万人、うち課金ユーザーが1万人のサービスで
月間売上が1,000万円の場合、ARPU（月間）とARPPU（月間）は？

ARPU _____　　ARRPU _____

課金 🤍　　　　課金 🤍　　　　課金 🤍

1人のユーザーが
一生のうち
どのくらい
利益をもたらすか

LIFE

問題の答え
ARPU = 1,000万円 ÷ 100万人 = 10円、ARRPU
= 1,000万円 ÷ 1万人 = 1,000円

07 訪問・閲覧数

021 ユニークユーザー数 (UU数)
【 Unique Users 】

特定のウェブサイトを訪れたユーザー数

解説 訪問数が延べ数で計上されるのに対し、UU数は同じ人が何度訪問してもカウントはあくまでも「1」。ただし、現在のインターネットでは、同一ユーザーでも別デバイスや別ブラウザからアクセスすると基本的に別ユーザーと認識されてしまうため、正確なUU数の計測は難しい。

022 ユニークブラウザ数 (UB数)
【 Unique Browsers 】

特定のウェブサイトを訪れたユーザー数

解説 UU数とほぼ同じ意味だが、UB数はブラウザベースでユニークユーザー数をカウント。したがって、同一ユーザーが別ブラウザからアクセスした場合は別ユーザーとして認識される。UBはUUの現状に即した表現として用いられる。

023 訪問数
【 Visits 】

特定のウェブサイトが訪問された延べ回数

解説 ユーザーがサイト訪問した回数。1回の訪問でサイト内ページがどれだけ閲覧されたとしても、訪問数のカウントは基本的に「1」。

[同義語] Visit数、セッション数

024 ページビュー数 (PV数)
【 Page Views 】

特定のウェブページが閲覧された回数

解説 訪問したユーザーによって閲覧された総閲覧ページ数のこと。1回の訪問でサイト内の複数ページを閲覧した場合、閲覧されたページ分PV数として計上される。サイト運営者はサイト全体のPV数と各ページのPV数を把握しながら、コンテンツや流入の現状分析をすることが重要。

問題！

デジパパとデジコのサイト訪問を見て、それぞれいくつになるか考えましょう。

デジパパ

→ ページA ┈⟩ ページB ┈⟩ ページC

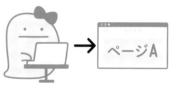

デジコ

→ ページA

デジコ

→ ページA ┈⟩ ページB

ちょっとずつ意味が違うので気を付けよう

UU数/UB数 _____

訪問数 _____

PV数 _____

問題の答え

UU数/UB数 = 2、訪問数 = 3、PV数 = 6

08 到達・接触度

025〉 **リーチ**
【 Reach 】

広告の到達度

解説 全対象ユーザー（あるいはインターネットユーザー）に対する広告接触者数の割合。広告接触したUU数（実際にはUB数）を指すこともある。いずれの場合も、どれくらいの人に広告が届いたかを把握するための指標として用いられる。

026〉 **フリークエンシー(FQ)**
【 Frequency 】

広告の接触頻度

解説 ユーザー1人あたりの広告の平均接触回数。広告以外にも、サービス利用頻度、購買頻度、来店頻度を表す際に利用される。

027〉 **リーセンシー**
【 Recency 】

最後の広告接触からの間隔

解説 ユーザーが最後に広告に接触してからの期間・間隔。購買行動の直前に接触した広告が与える影響を「リーセンシー効果」という。広告以外にも、最後のサービス利用、来店、購買からの経過時間を表す際に利用される。Recencyは「直近性」という意味。

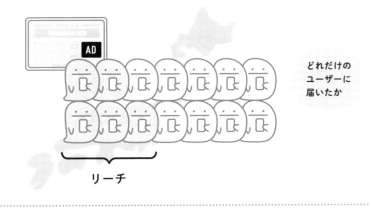

どれだけの
ユーザーに
届いたか

リーチ

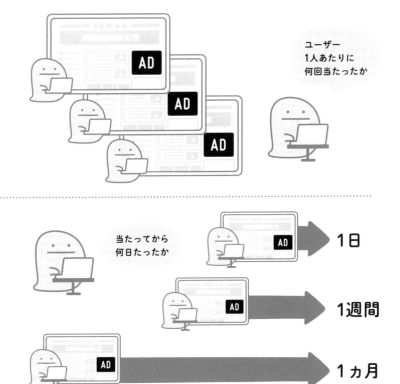

ユーザー
1人あたりに
何回当たったか

当たってから
何日たったか

1日

1週間

1ヵ月

09 ウェブサイト／ウェブページ
サイトとページ

---

028 > # ウェブページ
【 Web Page 】

ブラウザに表示される
1枚のページ

解説 単一のページを指す。

---

029 > # ウェブサイト
【 Website 】

1つのドメインの中に
あるページの集まり

解説 ウェブページの集合体。

[同義語] サイト

---

030 > # ホームページ
【 Home Page 】

各ウェブサイトの
トップページ

解説 ウェブサイトの一番最初のページ。もともとはブラウザを起動したとき
に最初に表示されるように設定しているページのことを指していた。
ウェブサイトと同義で使用されることもあるが、これは誤用。

---

031 > # ランディング
ページ (LP)
【 Landing Page 】

ユーザーが最初に
アクセスしたページ

解説 ユーザーが検索や広告経由で最初にアクセスしたページのこと。

1つの
ページのこと

ウェブページ
の集合体

一番前の
ページ

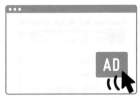

ユーザーの
最初の
着地ページ

032 〉 デバイス
【 Device 】

PC、タブレット、
スマートフォンなどの
端末

解説 コンピュータの機器・装置のこと。特にインターネット広告においては PC、タブレット、スマートフォンのことを指すことがほとんどであったが、今後インターネット広告の配信対象になるデバイスはさらに多様化することが予想され、コネクテッド TV やスマートスピーカー、VR 機器なども含まれてくると思われる。

033 〉 キャリア
【 Mobile Carrier 】

NTT docomo、
KDDI、Softbank、
楽天モバイル

解説 総務省より第一種電気通信事業を認可された、通信回線の提供事業者のこと。インターネット広告において「キャリア指定」というと、携帯電話の通信回線事業者である NTT docomo、KDDI、Softbank の 3 社の中から広告配信対象を選定することであったが、今後は新たに認可された楽天モバイルも含まれることになる。

PC  タブレット スマホ

KDDI Softbank

docomo  楽天
モバイル

② トラッキング

広告接触分析とアクセス解析

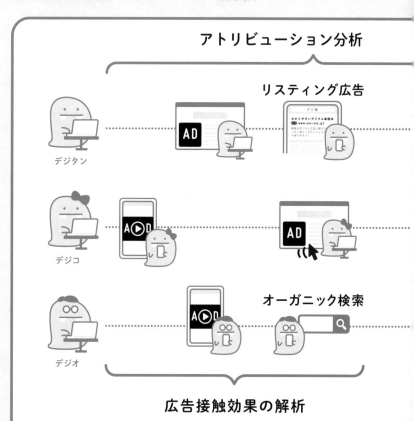

アトリビューション分析

リスティング広告

デジタン

デジコ

オーガニック検索

デジオ

広告接触効果の解析

18ページ【例題】の答え

CPM = 100万円 ÷ 10,000,000imp × 1,000 = 100円
CPC = 100万円 ÷ 10,000click = 100円
CTR = 10,000click ÷ 10,000,000imp × 100 = 0.1%
CVR = 100cv ÷ 10,000click × 100 = 1%
ROAS = 200万円 ÷ 100万円 × 100 = 200%
ROI = 80万円 ÷ 100万円 × 100 = 80%

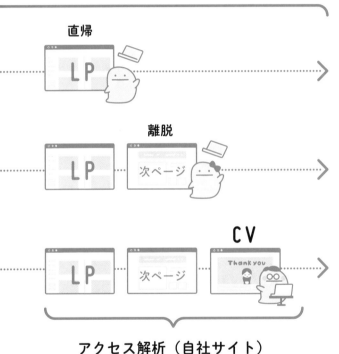

直帰

離脱

CV

アクセス解析（自社サイト）

サイト訪問前後で、指標やテクノロジーが異なってくるよ。計測の際によく出てくるタグ周りとあわせて理解していこう！

11 アクセス解析
トラッキングとアクセス解析

034 トラッキング
【 Tracking 】

ユーザー行動を
追跡すること

解説　定量的な分析をするために、ユーザー行動を追跡すること。トラッキングで得られたデータは、広告やサイト改善などに活用される。Trackingは「追跡」という意味。

035 アクセス解析ツール
【 Traffic Analysis Tool 】

サイト内のユーザーの
行動を分析するための
ツール

解説　サーバの全ログ情報を解析対象にするサーバログ型、ユーザーとサーバ間の全やりとりを解析するパケットキャプチャリング型、計測タグを設置しページが読み込まれた際にデータを解析サーバに送信するウェブビーコン型の3方式がある。代表的な解析ツールであるGoogleアナリティクスとAdobeアナリティクスはウェブビーコン型。

［代表例］Googleマーケティングプラットフォーム、Adobe Analytics
［同義語］サイト解析ツール

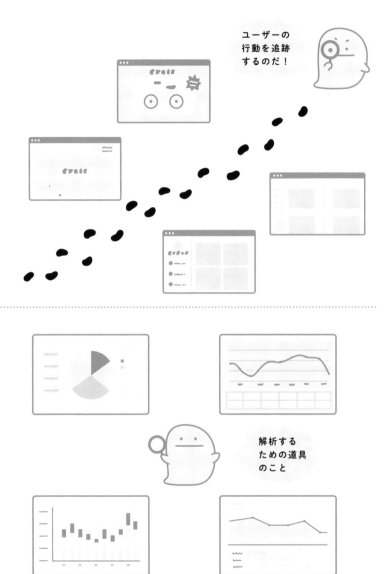

ユーザーの
行動を追跡
するのだ!

解析する
ための道具
のこと

12 セッション

---

036 セッション数
【 Sessions 】

訪問数と同義

解説 「訪問数」と同義で、ユーザーがサイトを訪問した回数。30分操作しなかった後や、日をまたいだ後にあらためて操作をすれば、基本的には別の新しいセッションとして認識される。逆に一度サイトを離脱したが30分以内に戻ってきた場合は同一セッションとみなされる。セッションの厳密な定義は解析ツールごとに規定される。

---

037 平均セッション時間
【 Average Session Duration 】

セッション時間÷
セッション数(時間)

解説 1セッション(＝1サイト訪問)の平均滞在時間。サイト全体でどのくらいの時間滞在されているかを把握するための指標。

---

038 平均ページ滞在時間
【 Average Time on Page 】

該当ページ滞在時間÷
該当ページセッション数
(時間)

解説 特定ページや特定複数ページの平均滞在時間。特定ページにどのくらいの時間滞在しているかを把握するための指標。

問 題 !

それぞれの**セッション数**を答えよ。

5分後

デジタン → ページA ··· ページB ··· 離脱

6:07　　　6:12　　　6:17

30分以上操作なし

デジコ → ページA ··· ページB ··· ページC ··· 離脱

6:07　　　6:40　　　6:45　　　6:50

日をまたぐ

デジオ → ページA ··· ページB ··· ページC ··· 離脱

23:59　　　0:04　　　0:09　　　0:14

デジタン＿＿＿＿　　　デジコ＿＿＿＿　　　デジオ＿＿＿＿

セッションも
色々あるね

問題の答え　デジタン＝1、デジコ＝2、デジオ＝2

13 直帰と離脱

039〉**直帰率**
【 Bounce Rate 】

直帰数÷
セッション開始数（%）
※該当ページにおける2つの
　数値を計算

解説 ユーザーがウェブサイトを回遊することなく、訪問ページで離脱することを直帰という。直帰率はその割合。別の言い方をすると、該当ページから始まったセッションがそのページで終わってしまった割合。

040〉**離脱率**
【 Abandonment Rate 】

離脱数÷PV数（%）
※該当ページにおける2つの
　数値を計算

解説 該当ページでユーザーが離脱した割合。別の言い方をすると、該当ページがセッション最後のページビューになってしまった割合。

問題！

下記のセッションが発生した場合の
各ページの**直帰率**と**離脱率**は？

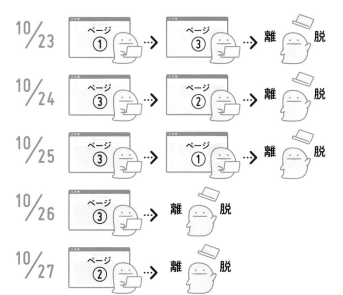

直帰率	
ページ ①	%
ページ ②	%
ページ ③	%

離脱率	
ページ ①	%
ページ ②	%
ページ ③	%

問題の答え

【離脱率】ページ①：1÷1×100=100%、ページ②：1÷2×100=50%、ページ③：2÷4×100=50%

【直帰率】ページ①：0÷1×100=0%、ページ②：1÷1×100=100%、ページ③：1÷3×100=33%

14 リファラとリダイレクト

041〉 **リファラ**
【 Referrer 】

流入元ページ

解説 ユーザーがサイトに流入するときに利用したリンク元のページ。

042〉 **ノーリファラ**
【 No Referrer 】

流入した参照元が
ないこと

解説 ブックマークからのアクセス、アドレスバーへのURLの直接入力、スマートフォンアプリ経由、https（暗号化された）ページからhttp（暗号化されていない）ページへのリンクなどがノーリファラの具体例。Googleアナリティクス上では「(direct) / (none)」と表記される。

043〉 **リダイレクト**
【 Redirect 】

自動的に他ページに
転送する仕組み

解説 リダイレクト設定しておけば、サイト移転時に旧URLへアクセスがあったとしても新URLに自動転送させることが可能。また、アクセス解析のためにリダイレクト設定をする場合、LPへ直接遷移させるのではなく、あえて計測サーバを一度経由させてから遷移先ページに遷移させることで計測精度の向上が見込める。

リファラ

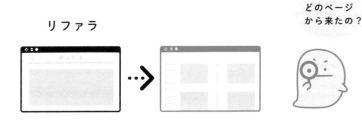

どのページ
から来たの？

ノーリファラ

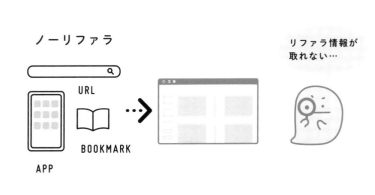

リファラ情報が
取れない…

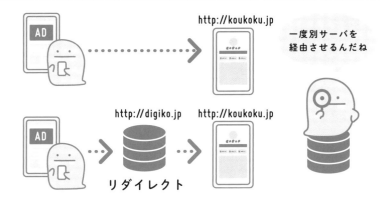

一度別サーバを
経由させるんだね

15 アクティブユーザー

044 アクティブ ユーザー
【 Active Users 】

所定期間にサービスを
利用したユーザー

解説 ある期間において、1回以上の利用があったユーザーのこと。期間
設定は任意。

045 アクティブ率
【 Active Rate 】

アクティブユーザー数÷
所定の全ユーザー数（%）

解説 アクティブユーザーの割合。アクティブユーザーや所定の全ユー
ザーの定義は明確に規定されておらず、各社が任意に設定する。
アプリの場合、MAUを分母にしてDAUの割合を出すケース（DAU÷
MAU）や、ダウンロード数を分母にしてMAUの割合を出すケース
（MAU÷ダウンロード数）が多い。

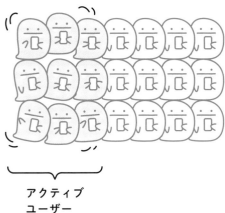

サービスを
使ってる人たち

アクティブ
ユーザー

アクティブユーザー数

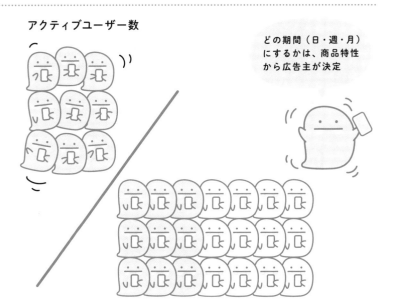

どの期間（日・週・月）
にするかは、商品特性
から広告主が決定

15 アクティブユーザー

---

046 **MAU**
エムエーユー
【 Monthly Active Users 】

月間あたりの
ユーザー数

解説 特定の月、もしくは1カ月間において、1回以上の利用があったユーザー数のこと。

---

047 **WAU**
ダブリューエーユー
【 Weekly Active Users 】

週間あたりの
ユーザー数

解説 特定の週、もしくは1週間において、1回以上の利用があったユーザー数のこと。

---

048 **DAU**
ディーエーユー
【 Daily Active Users 】

1日あたりの
ユーザー数

解説 特定の日に1回以上の利用があったユーザー数のこと。

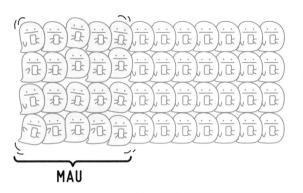

月ベース！

MAU

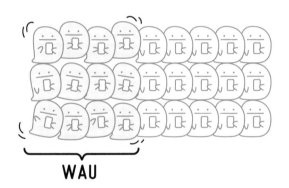

週ベース！！

WAU

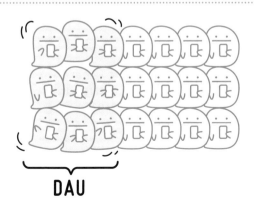

日ベース！！！

DAU

16 アトリビューション
アトリビューションモデル

[049] ## アトリビュー
ション分析
【 Attribution Analysis 】

チャネルごとの
貢献度分析

解説 コンバージョンに直接つながった流入経路や広告だけでなく、コンバージョンに至るまでのあらゆるチャネルの間接効果を分析し、その貢献度を割り当てていく分析手法。各チャネルの評価方法については、終点モデル、起点モデル、線形モデルなどいくつかのモデルが存在する。

- -

[050] # 終点モデル
【 Last Touch Model 】

最後のチャネルに
貢献度を100%
割り当てること

解説 最後のチャネル（接触した媒体）のみを評価し、このチャネルにコンバージョンの貢献度を100%割り当てるモデル。

[同義語] ラストタッチモデル

- -

[051] # 起点モデル
【 First Touch Model 】

最初のチャネルに
貢献度を100%
割り当てること

解説 最初のチャネル（接触した媒体）のみを評価し、このチャネルにコンバージョンの貢献度を100%割り当てるモデル。

[同義語] ファーストタッチモデル

- -

[052] # 線形モデル
【 Linear Model 】

すべてのチャネルに
貢献度を均等に
割り当てること

解説 接触したすべてのチャネルを均等に評価し、貢献度も均等に割り当てるモデル。

[同義語] リニアモデル

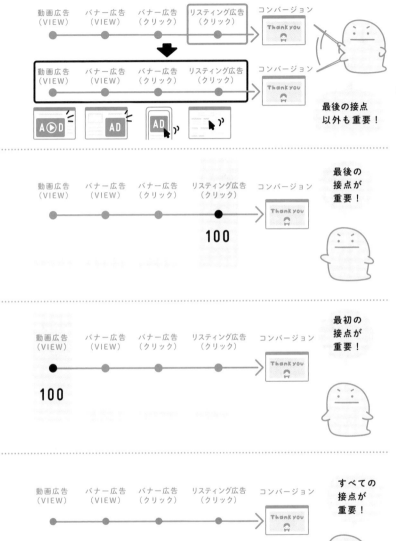

17

アトリビューション
ポストインプレッション効果

053 > ## クリックスルー
コンバージョン
【 Click-Through Conversion 】

広告をクリックし、
そのまま直接
コンバージョンすること

解説 配信された広告をクリックし、そのままコンバージョンすること。たとえ一度離脱した場合でも、計測ツールで規定される一定の条件を満たしている場合は（30日以内＆再度広告をクリックしていない場合など）、クリックスルーコンバージョンとして計上される。

054 > ## ポストインプレッション効果
【 Post-Impression Effect 】

広告表示の結果、
後になってサイト訪問
すること

解説 広告表示の際にクリックしなかったが、その広告の印象が残っていたために、その後検索や広告などを通じて広告主サイトへ訪問するなど、実際のアクションにつながること。3PASや広告配信プラットフォームで計測。

055 > ## ビュースルー
コンバージョン
【 View-Through Conversion 】

広告表示の際はクリック
しなかったが、後になって
コンバージョンすること

解説 広告表示の際にクリックしなかったが、その後検索や広告などを通じて広告主サイトへ訪問し、コンバージョンに至ること。ポストインプレッション効果がもたらす成果の代表的な例。

056 > ## ビュースルー
サーチ
【 View-Through Search 】

広告表示の結果、
後になって検索すること

解説 広告表示の際にクリックしなかったが、その後関連ワードが検索されること。サーチ行動自体をマイクロコンバージョンとしてKPIに設定することも多くなってきている。

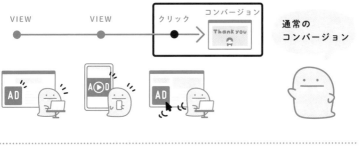

VIEW　　　VIEW　　　クリック　　コンバージョン

Thank you

通常の
コンバージョン

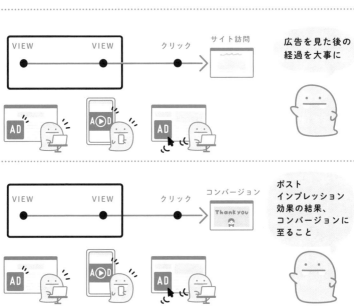

VIEW　　　VIEW　　　クリック　　サイト訪問

広告を見た後の
経過を大事に

VIEW　　　VIEW　　　クリック　　コンバージョン

Thank you

ポスト
インプレッション
効果の結果、
コンバージョンに
至ること

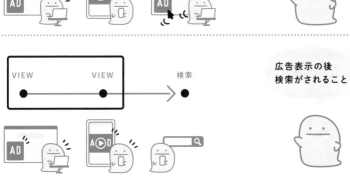

VIEW　　　VIEW　　　検索

広告表示の後
検索がされること

3 広告配信

運用型広告の現状とメディアマッピング

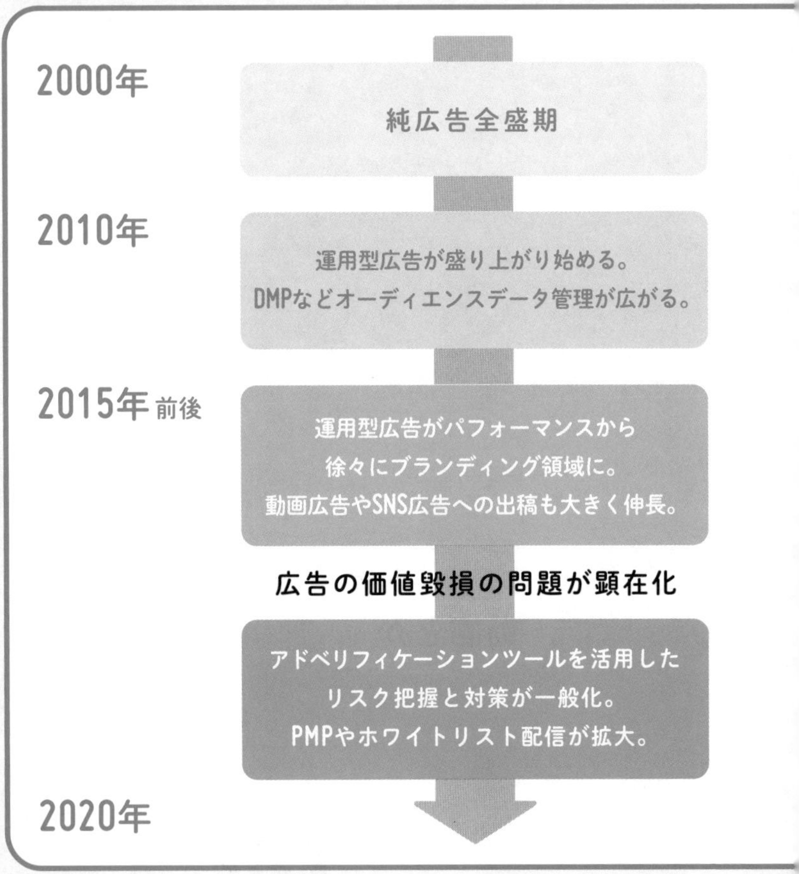

2000年

純広告全盛期

2010年

運用型広告が盛り上がり始める。
DMPなどオーディエンスデータ管理が広がる。

2015年 前後

運用型広告がパフォーマンスから
徐々にブランディング領域に。
動画広告やSNS広告への出稿も大きく伸長。

広告の価値毀損の問題が顕在化

アドベリフィケーションツールを活用した
リスク把握と対策が一般化。
PMPやホワイトリスト配信が拡大。

2020年

プレミアム在庫

純広告

PMP

アド
ネットワーク

RTB

プログラマティック
（運用・ターゲティング）

運用型広告＝アドテクの人気の高まりに呼
応して、押さえるべき重要単語が急増して
いるよ。これがインターネット広告に苦手
意識を持つ原因になっていることも。イラ
ストで具体的なイメージを持ちながら、着
実に理解していこう！

18 第三者配信／アドサーバ
第三者配信とアドサーバ

057 **アドサーバ**
【 Ad Server 】

広告を配信・管理する
システム

解説 広告主サイドのアドサーバである3PASと、媒体社サイドのアドサーバである媒体アドサーバの2つがある。通常「アドサーバ」といわれる場合、媒体社のアドサーバを指すことが多い。

058 **3PAS**
スリーパス
【 Third Party Ad Serving 】

媒体社以外の
アドサーバから
広告配信をすること

解説 媒体社のアドサーバからではなく、広告主が用意したアドサーバを使って広告配信をすること。広告主が広告配信を一元管理できるため、複数の媒体で展開した広告効果の統合的なアトリビューション分析が可能。また、媒体アドサーバのスペックに依存しないため、リッチなクリエイティブ配信も可能。「第三者配信」ともいう。[代表例]Googleマーケティングプラットフォーム、Sizmek、Goldspot Media　[同義語]第三者配信

059 **アドタグ**
【 Ad Tag 】

アドサーバを
呼び出すタグ

解説 ページに設置されたアドタグは、ページが読み込まれた際にアドサーバに広告リクエストを送る。3PASの場合は、3PASのアドタグをアドサーバやDSPに設置し、広告配信の際にはその都度このアドタグが3PASのクリエイティブを呼び出しにいく。

[同義語]広告配信タグ

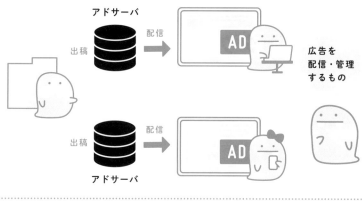

広告を
配信・管理
するもの

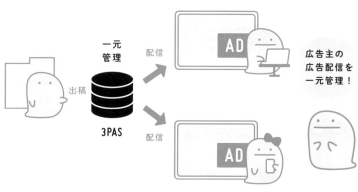

広告主の
広告配信を
一元管理！

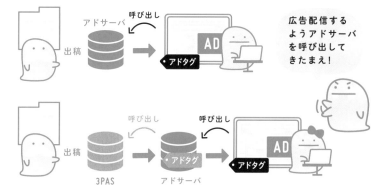

広告配信する
ようアドサーバ
を呼び出して
きたまえ！

19 計測タグとワンタグ

060〉 計測タグ
【 Measurement Tag 】

計測のためにサイトに
設置するタグ

解説 Googleアナリティクスのようなウェブビーコン型のアクセス解析ツールでは、計測タグをサイトに設置し、ユーザーの訪問でページが読み込まれた際に定義されたデータが解析サーバに送信される。計測タグが設置されなければデータが貯まらず、分析ができない。計測タグにはJavaScriptタグやPixelタグなどがある。

061〉 コンバージョン タグ
【 Conversion Tag 】

CVを計測するための
計測タグ

解説 計測タグのうち、コンバージョンを計測するものは特にコンバージョン（CV）タグと呼ばれる。

062〉 imp タグ
【 Impression Tag 】

インプレッション時に
各種計測をするための
タグ

解説 パネル調査、アドベリフィケーション計測、オーディエンスデータ捕捉のためなど、インプレッションごとにデータ取得が必要な場合に設置するタグはこう呼ばれることが多い。

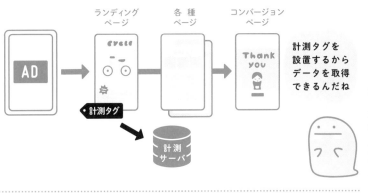

計測タグを
設置するから
データを取得
できるんだね

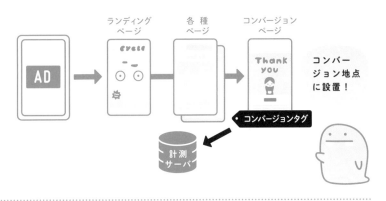

コンバー
ジョン地点
に設置！

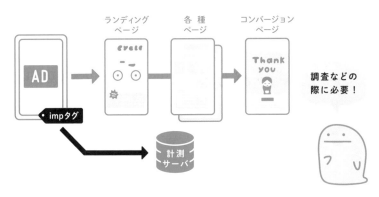

調査などの
際に必要！

19 計測タグ／ワンタグ
計測タグとワンタグ

063 **タグ発火**
【 Tag Firing 】

タグが動作すること

解説 ページが読み込まれた際にタグが問題なく動作し、データが解析サーバに送信されること。

---

064 **タグマネージャー**
【 Tag Manager 】

タグの一元管理ツール

解説 タグを一元管理するためのツールで、サイトに設置されるタグの本数を減らすことができる。また、タグ発火テストも容易にでき、タグ発火の詳細条件設定もシステム上から可能になる。

[代表例] Googleマーケティングプラットフォーム、Yahoo!タグマネージャー

065 **ワンタグ**
【 Single Tag Solution 】

タグの一元管理ツール

解説 タグマネージャーの主要機能。ワンタグを1つサイトに設置すれば、そこからほかの個別のタグをそれぞれ呼び出し、発火させることができる。ワンタグのおかげで、タグを個別に1つ1つ設置する必要がなくなった。

---

066 **ピギーバック**
【 Piggybacking 】

ほかのタグを呼び出し発火させること

解説 タグに関連する用語としてのピギーバックとは、ほかのリクエストのレスポンスに便乗して、別のタグも呼び出し発火させること。piggybackとは「肩や背中に背負う、便乗する」という意味。

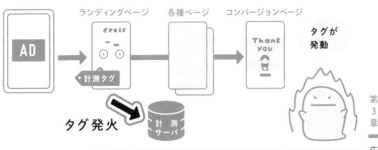

ランディングページ　各種ページ　コンバージョンページ

計測タグ

タグが
発動

タグ発火

計測
サーバ

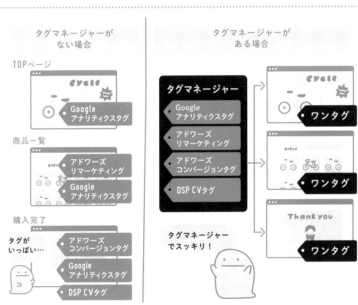

タグマネージャーが
ない場合

タグマネージャーが
ある場合

TOPページ

Google
アナリティクスタグ

商品一覧

アドワーズ
リマーケティング

Google
アナリティクスタグ

購入完了

タグが
いっぱい…

アドワーズ
コンバージョンタグ

Google
アナリティクスタグ

DSP CVタグ

タグマネージャー

Google
アナリティクスタグ

アドワーズ
リマーケティング

アドワーズ
コンバージョンタグ

DSP CVタグ

ワンタグ

ワンタグ

Thank you

ワンタグ

タグマネージャー
でスッキリ！

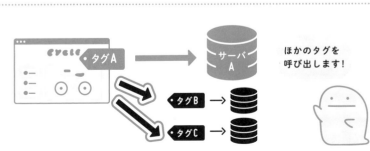

タグA

サーバ
A

ほかのタグを
呼び出します！

タグB

タグC

20 広告買付方法の種類

---

067 予約型広告
【 Direct Media Buying / Direct Buying 】

特定枠を事前予約・購入し掲載する広告

解説 掲載面、掲載金額、期間、配信量、その他内容があらかじめ定められている広告。優良媒体で優先的に広告掲載機会を確保できるが、運用型と比べると単価は高くなる傾向がある。

[同義語] 純広告

---

068 運用型広告

リアルタイムで運用することにより最適化していく広告

解説 運用の状況によってリアルタイムで掲載内容が変動する。そのため予約型広告と異なり、掲載面、掲載金額、期間、配信量、その他内容はあらかじめ定められず柔軟に変更されていく。予約型と比べると単価は低くなる傾向があるが、基本的には余り枠での掲載になるため、広告枠確保の優先性や掲載先の質は低くなってしまうことも。

[代表例] Google広告、Facebook広告、DSP

---

069 アドネットワーク広告
【 Ad Network 】

広告枠を束ねパッケージ化したもの

解説 複数媒体や複数広告枠を束ねて、1つの広告商品としてパッケージ化した広告商品。予約型のアドネットワークと、広告配信テクノロジーを利用した運用型のアドネットワークがある。なお、DSPは配信テクノロジーの名前で、広告メニューのパッケージ名ではないため、それ自体がアドネットワークではない。

[代表例] Google Display Network (GDN)、Yahoo! Display Ad Network (YDN)

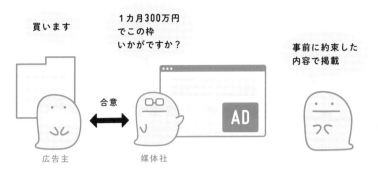

買います

1カ月300万円
でこの枠
いかがですか？

合意

事前に約束した
内容で掲載

広告主

媒体社

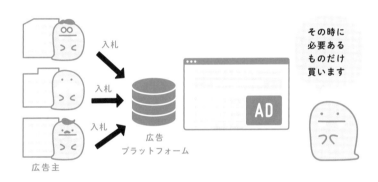

入札

入札

入札

広告
プラットフォーム

その時に
必要ある
ものだけ
買います

広告主

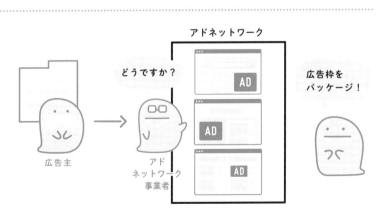

アドネットワーク

どうですか？

広告枠を
パッケージ！

広告主

アド
ネットワーク
事業者

070> ## リスティング広告
【 Search Advertising 】

検索ワードと連動して
検索結果上に
表示される広告

解説 検索結果の上部や下部に表示されるテキスト広告のこと。クリックされると料金が発生するCPC課金モデル。

[代表例] Google広告、Yahoo!スポンサードサーチ
[同義語] 検索連動型広告

071> ## バナー広告
【 Banner Advertising 】

画像やアニメーション
によって表現する広告

解説 ページ内には様々なフォーマットのバナー広告枠が設置されている。課金形態は、インプレッションベースのCPM課金と、クリックベースのCPC課金があり、配信プラットフォームやバイイングの仕方でいずれかに決まる。

[代表例] YouTube マストヘッド広告、Google Display Network(GDN)、
　　　　　Yahoo! Display Ad Network(YDN)

072> ## 動画広告
【 Video Advertising 】

動画によって
表現する広告

解説 動画広告はバナー広告と比べると認知効果が高くなることが多いため、認知獲得を目的としたキャンペーンでの利用が増加している。掲載先は動画サイトに限らない。課金形態はインプレッションベースのCPM課金、一定のタイミングまでの動画視聴をベースにしたCPV課金、完全視聴ベースのCPCV課金など。

[代表例] TrueView、PremiumViewインストリーム動画広告

検索結果に
よく出てる広告

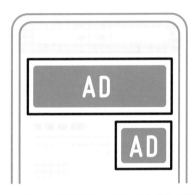

画像の広告

動画の広告

21 広告フォーマットの種類

073 オーディオ広告
【 Audio Advertising 】

音声広告

解説 ラジオCMなどのように従来から日本でも一定の需要があったが、インターネット上でも音楽サービスやオーディオブック、インターネットラジオなどの音声コンテンツが非常に充実してきている。これからさらに音声広告市場が大きく伸長することが予想されている。

［代表例］Premium Audio広告

074 ディスプレイ広告
【 Display Advertising 】

広告枠に表示される
バナー、動画、
テキスト広告

解説 バナー広告と同義で使用されるケースも多いが、記事サイト内などの広告枠に動画やテキストのクリエイティブを配信する広告もディスプレイ広告である。課金形態はCPM型、CPC型など様々。

［代表例］YouTubeマストヘッド広告、Google Display Network（GDN）、Yahoo! Display Ad Network（YDN）

075 ネイティブ広告
【 Native Advertising 】

媒体社のコンテンツと
一体化した広告

解説 広告のデザイン、内容、フォーマットがサイトのコンテンツと一体化した広告。広告がコンテンツに溶け込んでいるため、ユーザーストレスが低い点が特徴。その分ユーザーに誤解を与えないように、広告であることを明示するのが必須。コンテンツと一体化した広告であればフォーマット要素（動画、テキストなど）は問われない。

［代表例］Facebook広告、Outbrain

音声の広告

記事ページなど
の広告枠に表示
される広告

バナーも動画も
含まれる

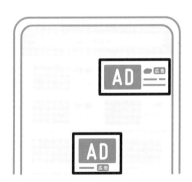

記事コンテンツ
に溶け込んでるね

076 ターゲティング広告
【 Targeted Advertising 】

ターゲットを指定した広告配信

解説 あらかじめ配信対象を指定し広告配信すること。ユーザーを指定するオーディエンスターゲティング、配信コンテンツを指定するコンテンツターゲティングが具体例。

[代表例] Google Display Network（GDN）、Yahoo! Display Ad Network（YDN）、DSP

077 オーディエンスターゲティング
【 Audience Targeting 】

特定ユーザーをターゲティング

解説 ユーザーの属性情報や行動履歴情報などを組み合わせたオーディエンスデータをもとに広告配信するターゲティング手法。オーディエンスデータは基本的に、DMP内などにおいてCookieや広告IDベースで管理されている。

078 コンテンツターゲティング
【 Contextual Targeting 】

特定のコンテンツをターゲティング

解説 特定のコンテンツを持つウェブページに広告を配信するターゲティング手法。あらかじめウェブページはクローリングされ、各ページがどんなコンテンツなのか解析し分類されているため、キーワードを登録することで、関連性が高い記事コンテンツページの広告枠に広告掲載が可能。

079 ブロードリーチ
【 Broad Audience Targeting / Non-Targeting 】

ターゲティングをかけずに配信すること

解説 オーディエンスターゲティングやコンテンツターゲティングをかけずに広告配信をすること。エリア、時間帯、フリークエンシー設定などと組み合わせて利用されるケースが多い。まずはターゲットを絞らずに幅広く広告配信していくケースなどで利用される。[同義語] ノンターゲティング

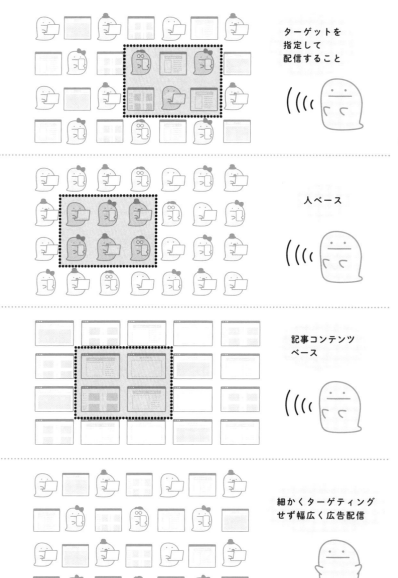

ターゲットを
指定して
配信すること

人ベース

記事コンテンツ
ベース

細かくターゲティング
せず幅広く広告配信

080> ## キーワード
ターゲティング
【 Keyword Targeting 】

キーワードを指定して、
コンテンツを
ターゲティング

解説 キーワードを指定して、コンテンツターゲティングを実施すること。
登録したキーワードと関連性の高いコンテンツのウェブページに広
告を表示する。キーワードは、リスティング広告と同じような形式で
登録される。

081> ## トピック
ターゲティング
【 Site Category Targeting 】

用意されているカテゴリ
を指定して、コンテンツ
をターゲティング

解説 カテゴリ（トピック）を指定して、コンテンツターゲティングを実施す
ること。カテゴリ（トピック）は、あらかじめ広告配信プラットフォー
ムによって用意されている。広告主はそのカテゴリを選択するだけ
で設定完了となるため、キーワードターゲティングと比べると設定が
簡易。

082> ## プレースメント
ターゲット
【 Placement Targeting 】

サイトやページを
ターゲティング

解説 サイトやページをあらかじめ指定し、広告配信するターゲティング
手法。オーディエンスターゲティングと組み合わせて利用される
ケースも多い。

キーワード

「デジタル広告」 →

「デジ単」 →

「デジタル」 →

リスティング
広告のように
キーワードを登録

トピック

☐ コンピューター
☐ ショッピング
✔ デジタルマーケティング
☐ スポーツ
☐ ビジネス
☐ アート、デザイン
☐ 食品
☐ 金融

→

トピックを
選択するだけ
だから簡単

URL

www.ooo-xxx.jp/

サイトや
ページを
1つ1つ指定

オーディエンスターゲティング詳細

---

083 > ## リターゲティング
【 Retargeting / Remarketing 】

一度サイトやアプリに来たユーザーをターゲティング

解説 来訪時に訪問者データなどを蓄積しておき、そのユーザーに再度広告を配信するターゲティング手法。一度サイトに来訪している関心度が高いユーザーに広告配信するため、CPAなどのパフォーマンスが高いケースが多い。一方で、配信設定次第では同じユーザーに何度も同じ広告が掲載されかねないため注意が必要。[同義語] リマーケティング

---

084 > ## ダイナミックリターゲティング
【 Dynamic Retargeting 】

最適な広告クリエイティブを自動生成して配信するリターゲティング

解説 ユーザーに最適な広告訴求をするために、過去の自社サイトの訪問データを利活用して、ユーザーごとに最適な広告クリエイティブを動的に自動生成し、広告を配信するターゲティング手法。ECサイトなどのように商品点数が多い場合、広告訴求する商品の選定と表現手法、訴求するタイミングは非常に重要。[同義語] ダイナミッククリエイティブ

---

085 > ## オーディエンス拡張
【 Lookalike Audience Targeting / Similar User Targeting 】

一度サイトやアプリに来たユーザーと似ているユーザーをターゲティング

解説 サイト訪問ユーザーと類似性の高いユーザーを探し出し、広告を配信するターゲティング手法。リターゲティングは獲得パフォーマンスが高いことが多いが、自社サイトなどを訪問するユーザー数は限られている。そこで、できる限りパフォーマンスを維持しながら配信対象を広げていく手法としてオーディエンス拡張はよく利用される。

[同義語] 類似オーディエンスターゲティング、シミラーユーザー

数日後

一度訪問した
ユーザーに
再訴求！

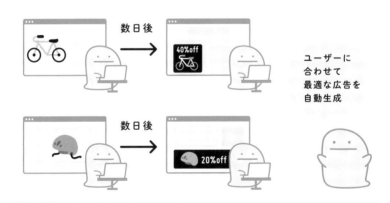

数日後

40%off

数日後

20%off

ユーザーに
合わせて
最適な広告を
自動生成

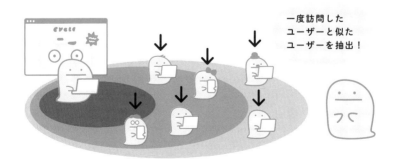

一度訪問した
ユーザーと似た
ユーザーを抽出！

オーディエンスターゲティング詳細

086 デモグラフィック ターゲティング
【 Demographic Targeting 】

性別・年齢などの
属性をベースに
ターゲティング

解説 ユーザーの性別や年齢などの情報をもとに広告を配信するターゲティング手法。性別、年齢だけでなく、所得、職業、学歴、家族構成なども含まれる。デモグラフィックには、信念、価値観、購買動機などの心理面を分類基準にするサイコグラフィック属性（心理学的属性）や、住居や勤務地などを分類基準にするジオグラフィック属性などがある。デモグラフィックは「人口統計学的属性」という意味。

---

087 インタレスト ターゲティング
【 Interest Targeting 】

興味・関心をベースに
ターゲティング

解説 ユーザーの興味関心などの情報をもとに広告を配信するターゲティング手法。広告配信プラットフォームやDMP事業者などが、様々な情報をもとにユーザーのインタレストを判定し、分類している。

［同義語］インタレストカテゴリ

年齢		18〜24歳	25〜34歳	35〜44歳	45〜54歳	55〜64歳	65歳以上	不明
性別	女性	◯	◯	◯	—	—	—	—
	男性	◯	◯	◯	—	—	—	—
	不明	◯	◯	◯	—	—	—	—

デモグラは
ネット広告でも
よく利用される

野球好きにカテゴライズ
されているユーザー

興味関心軸で
ターゲティング

ネット広告が
得意とする
ところだね!

24 その他ターゲティングや配信設定

088 エリア ターゲティング
【 Location Targeting 】

エリアを指定した
広告配信

解説 国、都道府県、市区町村などの粒度でエリアを設定し、広告を配信する手法。オーディエンスターゲティングやコンテンツターゲティングと組み合わせて利用されるケースが多い。

089 ジオ ターゲティング
【 Geo Targeting 】

位置情報の
ターゲティング

解説 ユーザーの位置情報にもとづいて設定し広告を配信する手法。エリアターゲティングのように配信エリアを指定する場合だけでなく、店舗名などの配信地点を指定している場合もある。また、ジオターゲティングでは、現在いる地点にもとづく方法（リアルタイム）だけでなく、過去にいた地点にもとづく方法（ヒストリカル）も可能。

[代表例] GroundTruth、Cinarra

090 画像解析 ターゲティング

画像解析にもとづいた
広告配信

解説 ページ内の画像を解析し、配信ターゲットと合致する場合に広告を配信するターゲティング手法。ページ内のテキストだけではなく、画像や動画も解析対象にすることで、ターゲティング精度が向上するうえ、ブランドセーフティなど広告の価値毀損のリスクを低減することができる。

TOKYO

今いる位置情報
を利用！

今東京にいる人　　　　よく東京に行く人にも配信

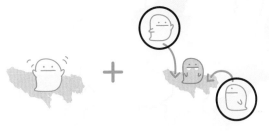

より幅広く位置
情報を活用した
ターゲティング

これは
自転車の
画像だね！

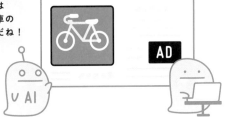

どんな画像か
AIで判断！

---

091 > # 時間帯別配信
【 Day Part Targeting 】

時間を指定した
広告配信

解説 指定した時間以外は広告配信をしない設定。また、完全に広告
配信を停止するだけでなく、時間ごとに入札の強弱などの設定を
することができるプラットフォームもある。このようなプラット
フォームの場合、時間帯別レポートを見ながら柔軟に戦略を立て
ることが可能。

---

092 > # 曜日別配信
【 Day Targeting 】

曜日を指定した
広告配信

解説 指定した曜日以外は広告配信をしない設定。また、完全に広告配
信を停止するだけでなく、曜日ごとに入札の強弱などの設定をする
ことができるプラットフォームもある。さらに曜日別と時間帯別を掛
け合わせれば、より柔軟な配信設定が可能。

---

093 > # フリークエンシー
キャップ
【 Frequency Capping 】

1人のユーザーに
対する広告表示回数の
上限設定

解説 1人のユーザーに対して、最大何回まで広告を表示させるかを設定
すること。設定は基本的に、日単位・週単位・月単位から期間を
選択し、上限の回数をインプットする。効率的な広告表示回数を模
索するためにも重要であるが、過度に同じ広告を当てユーザースト
レスを感じさせてしまうことを回避するためにも重要になってくる。

	0 時	3 時	6 時	9 時	12 時	15 時	18 時	21 時
月曜日								
火曜日								
水曜日								
木曜日								
金曜日								
土曜日								
日曜日								

時間や曜日も
細かく設定
できるんだ

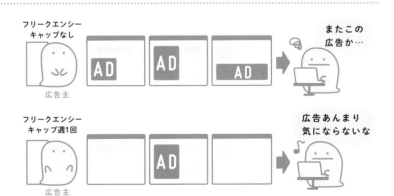

クリエイティブの最適化

---

094 **均等配信**
【 Even Delivery 】

複数の広告を均等に
配信

解説 広告のフォーマットを問わず、クリエイティブの配信手法は基本的
に均等配信か最適化配信のどちらか。

---

095 **最適化配信**
【 Optimized Delivery 】

より効果があると判断
される広告に比重が
寄せられていく配信

解説 広告配信プラットフォームのアルゴリズムにもとづき、効率がよい
と判断された広告の配信に比重が寄る設定。最適化には基本的
に、広告表示コスト最適化、クリック最適化、コンバージョン最適
化があり、施策目的に応じて選択する。

広告配信量（均等）

AD Ⓐ **25%**

AD Ⓑ **25%**

AD Ⓒ **25%**

AD Ⓓ **25%**

配信量を
揃えます

広告配信量（最適化）

AD Ⓐ  **70%**

AD Ⓑ **10%**

AD Ⓒ **10%**

AD Ⓓ **10%**

効率がよいものに
どんどん寄せていこう

096 MCCアカウント
エムシーシー
【 MCC Account 】

Googleのアカウント
一元管理ツール

解説 複数のGoogle広告アカウントを一元管理するためのGoogleのツール。1回のログインで様々な操作が可能になるなどの操作性向上だけではなく、請求業務を大きく簡易化することも可能であるため、大量アカウントの管理が必要な広告代理店などでよく利用されている。

097 アカウント
【 Account 】

月額予算を管理する
大カテゴリ

解説 広告主、月額予算、期間、担当者情報などを管理するアカウントの構造の中で一番大きなカテゴリ。特に、月額予算の上限を設定するカテゴリである点がポイント。同一広告主であっても月額の予算を厳密に複数に分けて管理したい場合は、複数アカウントを開設し各案件を管理する。DSPでは「アドバタイザー」と呼ばれることが多い。

098 キャンペーン
【 Campaign 】

日ごとの予算や
スケジュールを
管理する中カテゴリ

解説 日ごとの予算、配信先デバイス、配信時間や曜日を管理する中カテゴリ。特に、1日の上限を設定するカテゴリである点がポイント。手法ごとに目的や獲得効率などが異なる場合は、キャンペーンを分けて管理。例えば、リスティング広告で獲得効率のよい指名ワードと獲得効率の悪いビッグワードはキャンペーンを分けて管理するなど。

MCCアカウント

複数アカウント
を一括管理

アカウント
（設定内容：月額予算など）

月類予算など
を設定

キャンペーン
（設定内容：日額予算、スケジュールなど）

日額予算や
スケジュール
などを設定

運用型広告のアカウント構成

099〉 広告グループ
【 Ad Group 】

広告とキーワードを
まとめるための
小カテゴリ

解説 広告とキーワードをまとめるための小カテゴリ。管理カテゴリとしての色合いが強いが、バナーや動画広告においては入札単価をここで設定する(リスティングでも入札単価の設定はできるが、キーワードごとに設定されるケースがほとんど)。Facebookでは「広告セット」という名称が使われている。

100〉 Line Item
ライン アイテム
【 Line Item 】

DSPにおける
広告グループの名前

解説 DSPにおいて広告グループに該当するカテゴリ。

広告グループ（Line Item）

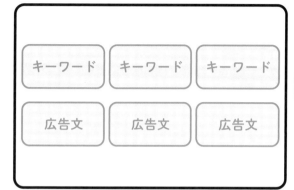

広告や
キーワードを
まとめて管理

アカウント構成まとめ

アカウント

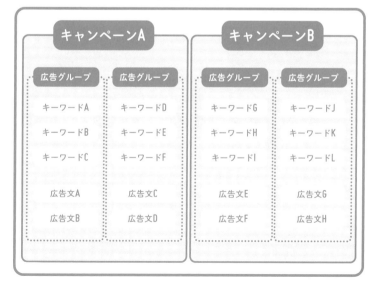

入札単価
101
【 Bidding Price 】

管理画面上に設定する
入札単価の上限

解説 あくまでも単価の上限金額の設定であり、オークションに勝った場合は必ずしもその金額を支払うわけではない。オークション形式などによっても変動する。

ファーストプライス オークション
102
【 First Price Auction 】

支払い金額=
入札金額の
オークション

解説 一番高い価格で入札した人が、その入札金額で購入するというルールのオークション。入札金額が購入金額になるため、広告主がアグレッシブな入札を躊躇しやすいといわれる。インターネット広告ではセカンドプライス方式が一般的であったが、広告取引の透明性向上のためにファーストプライス方式への移行が進んでいる。

セカンドプライス オークション
103
【 Second Price Auction 】

支払い金額=2番手の
入札金額+1円の
オークション

解説 1番高い価格で入札した人が、2番目に高い値を付けた入札者の価格に1円追加した価格で購入するオークション。入札価格が支払い金額ではないため、広告主はアグレッシブな入札をしやすくなる。インターネット広告では一般的な方法であったが、広告の透明性の観点から徐々にファーストプライス方式に移行する風潮がある。

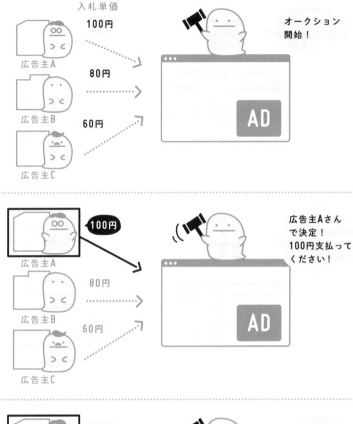

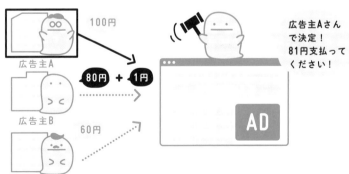

28 リスティング広告
クエリとキーワード

104 検索クエリ
【 Search Query 】

検索時に
入力された語句

解説 実際に検索窓に入力された語句のこと。登録キーワードとしっかり
区別し、認識しておく必要がある。

---

105 キーワード
【 Keyword 】

広告出稿者が登録
しているキーワード

解説 どんな検索クエリの際に入札をしにいくのかを設定するために、あ
らかじめシステムに登録するキーワード。検索クエリとはしっかり区
別し、認識しておく必要がある。

[同義語] 登録キーワード

---

106 除外キーワード
【 Negative Keyword 】

広告掲載対象から
除外するキーワード

解説 検索クエリに除外登録したキーワード（除外キーワード）が含まれる
場合、広告掲載対象から除外される。広告掲載の機会を限定する
ことで、ターゲットを絞り込むことができる。

検索クエリ

デジタル単語 🔍

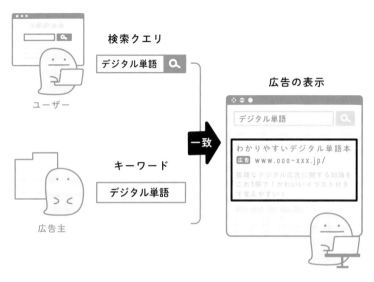

ユーザー

一致

広告の表示

デジタル単語 🔍

わかりやすいデジタル単語本
広告 www.ooo-xxx.jp/
複雑なデジタル広告に関する知識を
これ1冊で！かわいいイラスト付き
で覚えやすい！

キーワード

デジタル単語

広告主

検索クエリ

デジタル単語 **プログラミング** 🔍

ユーザー

一致

広告は出ない

デジタル単語 **プログラミング** 🔍

~~わかりやすいデジタル単語本
広告 www.ooo-xxx.jp/
複雑なデジタル広告に関する知識を
これ1冊で！かわいいイラスト付き
で覚えやすい！~~

**プログラミング
の本ではないな…**

除外キーワード

プログラミング

キーワード

デジタル単語

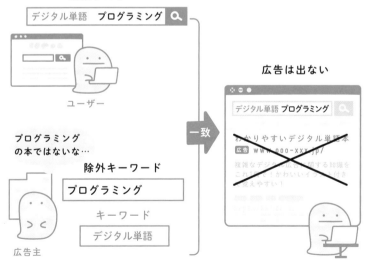

広告主

29 キーワードの分類

107〉 **ビッグワード**
【 Short Tail Keyword 】

検索ボリュームが
多いキーワード

解説 ビッグワードに広告出稿をすると、多くの広告掲載機会を確保できるが、関連性が低いユーザーに広告を出す機会も増えてしまうため、コンバージョンの獲得効率は悪くなることが多い。どのくらいの検索数があればビッグワード・ミドルワード・スモールワードなのかの明確な定義はなく、主観的な分類。

108〉 **ミドルワード**
【 Middle Tail Keyword 】

検索ボリュームが
多くも少なくもない
キーワード

解説 ビッグワードとスモールワードの中間程度の検索ボリュームがあるキーワードのこと。

109〉 **スモールワード**
【 Long Tail Keyword 】

検索ボリュームが
少ないキーワード

解説 スモールワードに広告出稿すると、広告掲載機会は少ないが、関連性が高いユーザーに広告を出せるためにコンバージョンの獲得効率はよいことが多い。

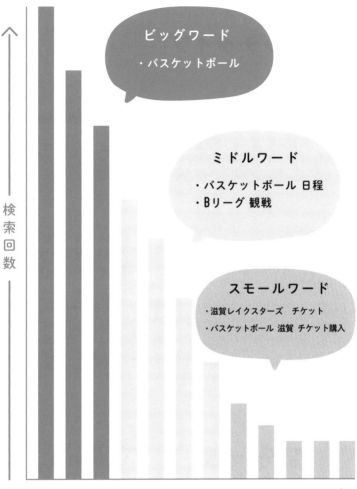

検索回数

獲得効率

ビッグワード

・バスケットボール

ミドルワード

・バスケットボール 日程
・Bリーグ 観戦

スモールワード

・滋賀レイクスターズ　チケット
・バスケットボール 滋賀 チケット購入

検索のボリューム
によって
ざっくり分類

30 リスティング広告
マッチタイプ

110 マッチタイプ
【 Match Type 】

登録キーワードと
検索クエリの
合致度の種類

解説 リスティング広告において、検索クエリと登録キーワードがどの程度合致していれば広告掲載対象にするかを決定する設定（「掲載対象」としているのは、入札で負ければそもそも広告出稿ができないため）。マッチタイプには、完全一致、部分一致、絞り込み部分一致、フレーズ一致の4種類がある。

111 完全一致
【 Exact Match 】

登録キーワードと検索
クエリが完全一致した
場合のみ広告掲載対象

解説 ユーザーが検索した語句である検索クエリと、広告主があらかじめ設定しておいた登録キーワードが完全に一致した場合に広告掲載対象になる（語順の入れ違いやキーワードと同じ意味を持つ検索語句も、マッチ度次第では広告掲載対象）。最も限定度合いが高いマッチタイプ。

112 部分一致
【 Broad Match 】

登録キーワードと検索
クエリが部分的に一致
した場合に広告掲載対象

解説 セマンティック（意味論的）分析が行われ、登録された登録キーワードがまったく含まれない場合でも、類義語、関連語句、誤字であると判断された場合には広告掲載対象になる。最も限定度合いが低いマッチタイプ。

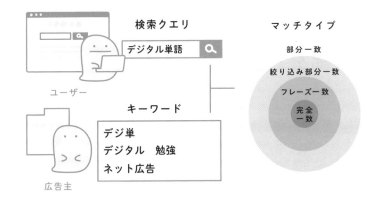

検索クエリ
デジタル単語

マッチタイプ

部分一致
絞り込み部分一致
フレーズ一致
完全一致

ユーザー

キーワード

デジ単
デジタル　勉強
ネット広告

広告主

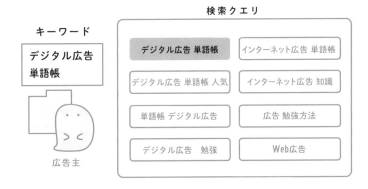

キーワード

デジタル広告
単語帳

広告主

検索クエリ

デジタル広告 単語帳	インターネット広告 単語帳
デジタル広告 単語帳 人気	インターネット広告 知識
単語帳 デジタル広告	広告 勉強方法
デジタル広告　勉強	Web広告

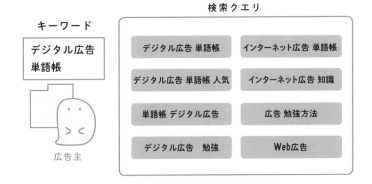

キーワード

デジタル広告
単語帳

広告主

検索クエリ

デジタル広告 単語帳	インターネット広告 単語帳
デジタル広告 単語帳 人気	インターネット広告 知識
単語帳 デジタル広告	広告 勉強方法
デジタル広告　勉強	Web広告

30 マッチタイプ

113 絞り込み部分一致
【 Broad Match Modifier 】

部分一致の拡張を
限定したマッチタイプ

解説 指定されたキーワードの部分一致拡張を一部限定するマッチタイプ。キーワードにプラスを付ける形式(「＋○○」のように)で設定し、設定された登録キーワードの拡張をタイプミスや送り仮名の違いなどの最小限のものに限定できる。部分一致よりも限定度合いが高い。フレーズ一致とは異なり、キーワードの順番は影響しない。

114 フレーズ一致
【 Phrase Match 】

登録キーワードと完全
一致するフレーズが検索
クエリに含まれた場合
のみ広告掲載対象

解説 登録キーワードと完全に一致するフレーズが、検索クエリの中に語順通りに含まれた場合にのみ広告掲載対象となる。このフレーズの前後に別の検索クエリが含まれていても広告掲載対象になる。絞り込み部分一致よりも限定度合いが高いマッチタイプ。

検索クエリ

キーワード

+デジタル広告
単語帳

広告主

デジタル広告 単語帳	インターネット広告 単語帳
デジタル広告 単語帳 人気	インターネット広告 知識
単語帳 デジタル広告	広告 勉強方法
デジタル広告　勉強	Web広告

検索クエリ

キーワード

デジタル広告
単語帳

広告主

デジタル広告 単語帳	インターネット広告 単語帳
デジタル広告 単語帳 人気	インターネット広告 知識
単語帳 デジタル広告	広告 勉強方法
デジタル広告　勉強	Web広告

31 広告文と広告ランク

115 TD
（ティーディー）
【 Title & Description 】

リスティングの
広告文

解説 リスティング広告の広告文のタイトルと説明文のこと。

[同義語] 広告文

---

116 表示URL
（ユーアールエル）
【 Display URL 】

リスティング広告に
表示されるURL

解説 リスティング広告の広告リンクの直下に表示される、緑色のURLのこと。ランディングページのドメインと合わせる必要がある。

---

117 品質スコア
【 Quality Score 】

広告、キーワード、
ランディングページの
点数

解説 推定クリック率、広告の関連性、ランディングページの利便性などをもとにスコアリングされる。

[同義語] クオリティスコア

---

118 広告ランク
【 Ad Rank 】

広告の掲載順位を
決めるための値

解説 入札単価と品質スコアなどから算出される掲載順位を決めるための値。広告ランクが高ければ上位での広告掲載を期待できる。入札単価が低くても品質スコアが高ければ上位で掲載されたり、逆に入札単価が高くても品質スコアが低ければ下位掲載になるどころか掲載自体されないことも。

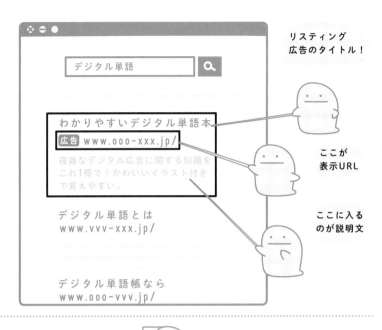

リスティング
広告のタイトル!

ここが
表示URL

ここに入る
のが説明文

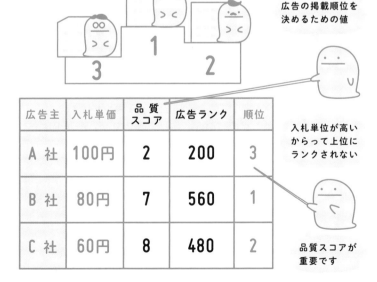

広告の掲載順位を
決めるための値

広告主	入札単価	品質スコア	広告ランク	順位
A 社	100円	2	200	3
B 社	80円	7	560	1
C 社	60円	8	480	2

入札単位が高い
からって上位に
ランクされない

品質スコアが
重要です

32 インプレッションシェア

| 119 | **インプレッション シェア**
【 Impression Share 】 | 広告表示回数÷
広告表示が
可能であった回数 |

解説 表示される可能性があった回数（推定値）のうち、実際に表示された割合。機会損失なく広告掲載できていたかを把握するための指標。

| 120 | **インプレッション シェア損失率（予算）**
【 Lost Impression Share_Budget 】 | 予算不足で広告表示
できなかった回数÷
広告表示が
可能であった回数 |

解説 1日の予算上限に達してしまい、広告配信が制限されて表示されなかった割合。予算不足でどれだけの機会損失が発生していたかを把握するための指標。

| 121 | **インプレッション シェア損失率（広告ランク）**
【 Lost Impression Share_Ad Rank 】 | 広告ランクが低く広告
表示できなかった回数÷
広告表示が
可能であった回数 |

解説 広告ランクが低く、他社とのオークションに負けてしまい掲載されなかった広告の割合。広告ランクが低かったために、どれだけの機会損失が発生していたかを把握するための指標。

AD

トータルの広告表示機会数

広告表示回数

広告表示損失回数

予算不足による機会損失回数

広告ランクが低かったことによる機会損失回数

インプレッションシェア

インプレッションシェア損失率（予算）

インプレッションシェア損失率（広告ランク）

ちゃんと広告が表示できた

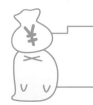

予算が足りなかった…

広告の評価が低かった…

33 代表的なフォーマット

122 レクタングル（中） 300×250のバナー
【 Rectangle 】

解説 最もよく利用されるバナー広告。IABの規定上はミディアムレクタングルだが、実務上は単に「レクタングル」と呼ばれるケースが多い。

123 スーパーバナー 728×90のバナー
【 Super Banner 】

解説 横長のバナー広告で、IABの規定上はリーダーボードという名称だが、Googleにおいてはビッグバナーやスーパーバナーと呼ばれることもある。970×90のさらに横に長いバナー広告はスーパーリーダーボード（IAB）やビッグバナー（大）（Google）と呼ばれる。

124 ビルボード 970×250のバナー
【 Billboard 】

解説 横長のバナー広告で、縦も250あり広告枠の専有面積が大きいため、ブランド認知獲得目的によく利用される。IABでもGoogleでも同じビルボードという名称が使われている。

もともと
バナーって
旗印って意味
なんだよ

スーパーバナー

レク
タングル

レク
タングル

ビルボード

大きなものから
小さなものまで
いろんなサイズ
があるんだね

レク
タングル

モバイル
バナー

スカイスクレーパー

こんなのも
あるよ

シーピーブイ
125 〉 **CPV**
【 Cost Per View 】

コスト÷視聴数
（金額）

解説 広告動画視聴1回あたりのコスト。視聴単価をどれだけ低く抑えられたかを把握するための指標。「視聴」の定義は媒体ごとに異なる。例えばFacebookは3秒、YouTube TrueViewは30秒（30秒以下の動画は完全視聴）。

シーピーシーブイ
126 〉 **CPCV**
【 Cost Per Complete View 】

コスト÷完全視聴数
（金額）

解説 広告動画完全視聴1回あたりのコスト。完全視聴単価をどれだけ低く抑えられたかを把握するための指標。

127 〉 **完全視聴**
【 Complete View 】

動画を完全に
視聴すること

解説 動画を完全に視聴すること。オーディオ広告の場合は、完全聴取と表現される。

[同義語] 完視聴

Facebookは3秒
YouTube
TrueViewは
基本的に30秒

課金タイミングまで見た人

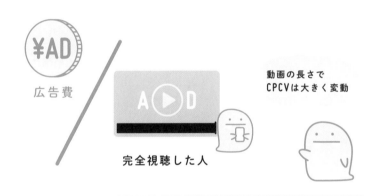

動画の長さで
CPCVは大きく変動

完全視聴した人

課金視聴

完全視聴

インストリーム動画広告

128 〉 **インストリーム動画広告**
【 In-stream Video Ads 】

動画コンテンツの
前後・合間に表示
される動画広告

解説 動画の視認性が高いだけでなく、音声がデフォルトでONになっているため、高い認知効果が期待される広告フォーマット。YouTubeやTVerを見ている際に出てくる広告がインストリーム動画広告の具体例。

［代表例］TrueView、PremiumViewインストリーム動画広告

---

129 〉 **バンパー広告**
【 Bumper Ads 】

ノンスキッパブルで
6秒以下の
インストリーム動画広告

解説 スキップができない6秒以下の短尺のインストリーム動画広告のこと。ユーザーストレスを最小限に抑制できる点や、広告単価が低い点などがメリット。

［代表例］バンパー広告（YouTube）

---

130 〉 **コンパニオンバナー**
【 Companion Banner 】

インストリーム動画広
告やオーディオ広告に
付帯するバナー広告

解説 インストリーム動画広告やオーディオ広告は認知効果は高いが、サイトへの導線はわかりにくい。コンパニオンバナーを設定しておけば広告掲載時にこのバナーが併載されるため、サイトへの導線を明示できる。また、コンパニオンバナーはオプションサービスであるケースが多いため、バナー掲載の追加料金は不要の場合がほとんど。

最近すごく
伸びてる広告

6秒以下！

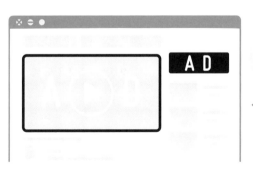

インストリーム
動画広告とセット
で掲載される
バナー広告のこと

動画広告（インストリーム動画広告）
スキッパブルとクリッカブル

---

131 > ## ノンスキッパブル
【 Non-Skippable Video Ads 】

スキップできない広告

解説 ノンスキッパブルの場合、動画コンテンツを最後までしっかりユーザーに届けることが可能。ただし、ユーザーにストレスを与える可能性があるため、基本的には15秒や30秒などの短尺動画がメインとなる。

［同義語］強制視聴

---

132 > ## スキッパブル
【 Skippable 】

スキップできる広告

解説 スキッパブルではユーザーが自ら広告視聴するか否かを選択できるため、ユーザーストレスが最小化。ただし、完全視聴率が落ちるためCPCVは高くなるというパフォーマンス観点でのデメリットや、スキッパブルがほとんどになるとユーザーにスキップ習慣がついてしまうというデメリットも。

---

133 > ## ノンクリッカブル
【 Non-Clickable 】

クリックできない広告

解説 ノンクリッカブルにすることで、サイト側はユーザーの外部流出を防ぐことが可能。広告主にとっては動画から自社サイトへの導線を確保できない点がデメリットである。

---

134 > ## クリッカブル
【 Clickable 】

クリックできる広告

解説 動画広告内にリンクを載せるなどして、サイトやキャンペーンページへ遷移できるようになっているもの。

広告を最後まで
見てください

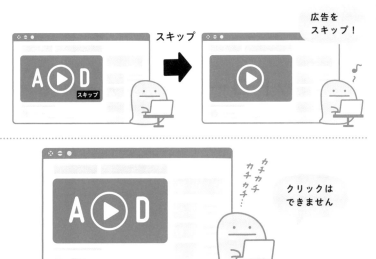

スキップ

広告を
スキップ！

クリックは
できません

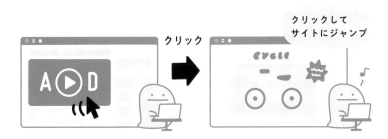

クリック

クリックして
サイトにジャンプ

117

広告のタイミング

---

135 ⟩ ## プリロール
【 Pre-Roll 】

動画広告が
コンテンツの前に
流れること

解説 インストリーム動画広告において、動画コンテンツの前に動画広告が表示される配信形式。Preは「前の」という意味。

---

136 ⟩ ## ミッドロール
【 Mid-Roll 】

動画広告が
コンテンツの合間に
流れること

解説 インストリーム動画広告において、動画コンテンツの合間に動画広告が表示される配信形式。Midは「中間の」という意味。

---

137 ⟩ ## ポストロール
【 Post-Roll 】

動画広告が
コンテンツの終わりに
流れること

解説 インストリーム動画広告において、動画コンテンツの後に動画広告が表示される配信形式。このPostはAfterと同義。

動画の流れ

プリロール

動画コンテンツ
が始まる前

前

ミッドロール

動画コンテンツ
の途中

間

ポストロール

動画コンテンツ
が終わった時

後

第3章 広告配信

119

38 アウトストリーム動画広告

138 アウトストリーム動画広告
【 Out-stream Video Ads 】

インストリーム動画広告以外の動画広告

解説 動画コンテンツの前後・合間に広告配信をするインストリーム動画広告以外の動画広告の総称。記事サイトでの広告配信が多く、音声はデフォルトで OFF になっているケースがほとんど。

---

139 インリード広告
【 In-Read Video Ads 】

記事コンテンツの間に表示される動画広告

解説 アウトストリーム動画広告の1つで、ユーザーがページをスクロールし、広告枠の可視性が一定確保された段階で再生される動画広告。記事コンテンツの合間に広告枠が設定されている点が特徴。広告枠の可視性がどのくらい担保された段階で広告を出すかは、広告プラットフォームごとに異なる。

---

140 インバナー広告
【 In-Banner Video Ads 】

バナー枠に配信される動画広告

解説 従来のバナー枠に配信される動画広告のこと。レクタングル枠に動画広告が配信されるのが具体例だが、ビルボード広告枠にバナーと動画を組み合わせたクリエイティブを配信するケースも増えてきている。

---

141 インタースティシャル広告
【 Interstitial Ads 】

ページ切り替え時に全画面表示される広告

解説 ページまたはコンテンツ切り替えの際、次のページ・コンテンツに移動する前に全画面で表示される動画広告やバナー広告のこと。ユーザーストレスが非常に強いフォーマットであるため、活用には注意が必要。

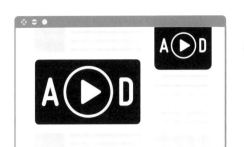

記事サイトなど
に出る動画広告
のこと

記事の間に
動画広告が

バナー枠への
動画広告も
増えてきている

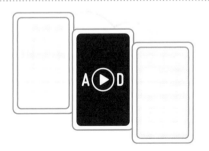

ページの
切り替え時に
出る動画広告

動画広告の規格

142 **VAST** バスト
【 Video Ad Serving Template 】

主にインストリーム
広告を可能にする
IABが定めた標準規格

解説 IABが定める動画広告に関する標準規格。再生される広告動画の
URL、広告をクリックしたときのリンク先、インプレッション数やク
リック数データの送信先などを規定している。これによって、関連
サービスがVASTの仕様に合わせてさえおけば、インプレッション
数、再生数、完全視聴数、クリック数などの数値の計測が可能に
なるだけでなく、各動画プレーヤーと各アドサーバの個別接続開発
コストを大きく低減することができる。

143 **VPAID** ブイペイド
【 Video Player Ad Interface Definition 】

動画広告において
より多様な計測と
インタラクティブ性を
可能にするIAB規格

解説 IABが規定した動画プレーヤーと動画広告クリエイティブに関する
規格。秒単位の視聴時間データやビューアビリティ、アドフラウド
のような様々な指標の計測ができるようになるだけでなく、色々なリ
ンク先設定やSNSのシェアボタンの設置など、よりインタラクティブ
な設定が可能に。

広告配信サーバ　　　　　動画プレーヤー

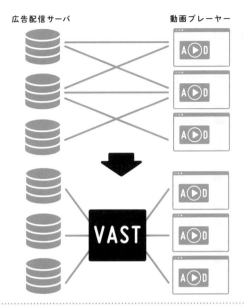

みんな
バラバラで大変…

VASTに
合わせるだけ！

動画広告を
インタラク
ティブに！

様々な指標の
計測やリンク
設定が可能に

動画広告の規格

144〉 **VMAP** ブイマップ
【 Digital Video Multiple Ad Playlist 】

ミッドロールや
ポストロールを
可能にするIAB規格

解説 動画コンテンツの中のどこに動画広告を挿入するか、という情報をやりとりするためのIABの規格。具体的には、広告を挿入するポイント（Ad Break）をVMAPで規定、そこに挿入される広告についてはVASTで規定する、という形を取る。これによりミッドロールやポストロールといった、プリロール以外の広告メニューが可能になるだけでなく、広告のより詳細なデータ把握や広告運用も容易に。

145〉 **Ad Pod** アド　ポッド
【 Ad Pod 】

複数の連続する動画
広告を1つのかたまりと
して処理するための規格

解説 VAST3.0で定められた、複数の広告を連続再生する際の規格。TVCMのようにインストリーム動画広告でも複数のCMが連続して再生されるケースが増えてきているが、1つ1つの広告で広告リクエストを送っているとトランザクションが大量に発生してしまう。これを回避するために、コンテンツとコンテンツの間にある一連の広告を1つのかたまりとしてとらえること、そのかたまり全体で1つだけリクエストを送ること、そのリクエストに今度は複数の広告を返してもらうこと、などが規格としてまとめられている。

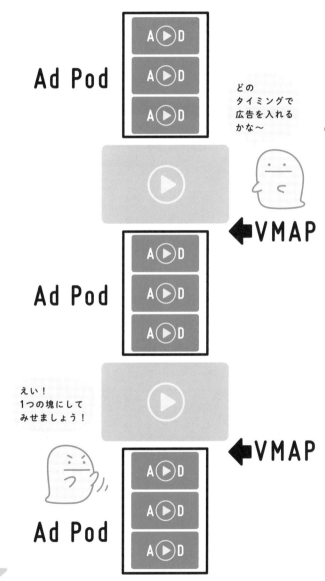

動画の流れ

Ad Pod

Ad Pod

Ad Pod

どの
タイミングで
広告を入れる
かな〜

えい！
1つの塊にして
みせましょう！

VMAP

VMAP

146 **キャッチアップ配信**
【 Catch-Up TV 】

放送直後から一定期間、
番組を配信すること

解説 「見逃し配信」ともいわれ、放送直後から一定期間、インターネットを通じて番組をオンデマンド配信するサービスのこと。日本のキャッチアップ配信の代表的な媒体であるTVerは、基本的に放送後から1週間コンテンツをアップしている。

147 **ネット同時配信**
【 Simultaneous Online Streaming 】

放送と同時に
ネット配信すること

解説 TV番組の放送時にネットにも同時配信すること。2020年以降ネット同時配信が本格化し、ネットでもリアルタイム視聴が可能になってくると、広告手法も大きく変容していく契機に。

[同義語] サイマル配信

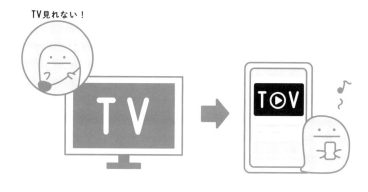

見逃したものを
TVerなどで
視聴できる

両方で同じ動画が
見れる

ネイティブ広告の種類

---

148 > **インフィード型**
【 In-Feed 】

コンテンツと
コンテンツの間に
表示される広告

解説 フィード形式のコンテンツとコンテンツの合間に、同じフィード形式で表示される広告。バナーやテキスト広告に加えて、動画広告もよく利用されるようになってきている。

[代表例] Facebook広告、Twitter広告

---

149 > **レコメンド
ウィジェット型**
【 Content Recommendation 】

レコメンド枠に
表示される広告

解説 記事やコンテンツページ内のレコメンド枠に表示される広告。レコメンドリンクが並んだスペースのことをレコメンドウィジェットという。

---

150 > **ペイドサーチ型**
【 Paid Search 】

リスティング広告と
同義

解説 ペイドサーチ型とは、リスティング広告のこと。リスティング広告も、広告と広告以外のコンテンツが一体化しているため、ネイティブ広告（ネイティブアド）の1つとされている。

フィードの
合間に広告が

あなたにおすすめの記事

AD

レコメンド枠に
表示される広告

デジ単

わかりやすいデジタル単語本
広告 www.000-xxx.jp/

複雑なデジタル広告に関する知識を
これ一冊で！かわいいイラスト付き
で覚えやすい！

リスティング
広告

41 ネイティブ広告の種類

151 プロモート リスティング型
【 Promoted Search 】

広告掲載ページと LP が同一サイトになる リスティング広告

解説 Amazon、楽天、食べログなどで検索した際に出てくるリスティング広告。広告掲載した企業のサイトに飛ぶわけではなく、あくまでも媒体内のページにリンクする点がリスティング広告との違い。

［代表例］Amazon 広告

152 （ネイティブ要素を持つ）インアド型
【 Brand / Native Content 】

ディスプレイ広告の枠内に、コンテンツとの関連性が高いクリエイティブで配信する広告

解説 ディスプレイ枠に広告を出す場合でも、コンテンツとの親和性が高ければネイティブアドに分類されるものもある。

153 カスタム型
【 Custom Ads 】

前記 5 つにはあてはまらないネイティブ広告

解説 LINE のスタンプやタイアップ広告など。媒体ごとの特性や体裁に合っていることが条件。

［代表例］LINE スタンプ、タイアップ広告

154 タイアップ広告
【 Advertorial / Paid Article / Sponsored Article 】

媒体と制作した記事コンテンツ広告

解説 企業と媒体が提携して制作した記事コンテンツの広告。そのサイトのトンマナと合わせて制作されるため、ネイティブ広告（カスタム型）の 1 つとされている。昨今は、一般的な媒体社だけでなく、SNS でインフルエンサーが商品を広告宣伝しているが、これもタイアップ広告の一種。［同義語］記事広告

そば

デジそば 広告
★★★★☆
個室アリ隠れ家そば店
○○駅から徒歩5分

○○ラーメン
★★★★☆

楽天や食べログ
のように
広告掲載ページ
とLPが同じサイト

スイーツ特集!

かわいい
sweets

キュートな
ケーキを
通販で

特別な日をカラフル
なスイーツで演出で
きますよ。

バナー枠だけど
コンテンツに
溶け込んだ広告だな〜

いいね!

スタンプ

うるうる　パアアァ!　ガーン

各媒体の
コンテンツに
合わせた特殊
な広告

通常の媒体ページ

NEWSサイト

株価急落、どうなる
日本の経済

タイアップページ

NEWSサイト

SPONSORED
新型カー登場!!
驚きの価格

企業ページではなく
媒体社ページで
コンテンツを制作

42 SNS広告

155 エンゲージメント
【 Engagement 】

広告に対する
アクションの総数

解説 主にSNS広告において活用される、ユーザーの様々なアクションを数値化したもの。エンゲージメントの定義はプラットフォームによって異なり、Facebookはシェア、コメント、いいね、クリック。Twitterはリツイート、返信、いいね、クリック、フォローなどがエンゲージメントとされている。

156 エンゲージメント率
【 Engagement Rate 】

エンゲージメント数÷
リーチ数または
インプレッション数

解説 インプレッション数のうち、広告がエンゲージメントされた回数の割合。この計算式の分母は、Facebookの場合はリーチ数、Twitterの場合はインプレッション数とされている。また分析目的によっては、ファン登録ユーザー数やフォロワー数になることもある。

157 CPE
シーピーイー
【 Cost Per Engagement 】

コスト÷
エンゲージメント（円）

解説 エンゲージメント1回あたりのコスト。エンゲージ単価をどれだけ低く抑えられたかを把握するための指標。

クリック　　　　エンゲージメント

クリック以外の
アクションも
すべてカウント

どれだけ効率よく
エンゲージメント
されているか

リーチ数
インプレッション数 など

広告費

エンゲージ単価を
どれだけ低く抑え
られたかの指標

43 プログラマティック広告基礎用語

158〉プログラマティック バイイング
【 Programmatic Buying 】

広告配信プラットフォーム
を通し、データにもとづいて
広告枠を自動買付・
最適化すること

解説 オーディエンスデータなどを利用し、広告配信側のシステム（DSP など）と広告供給側のシステム（SSPやアドエクスチェンジなど）を通して広告買付を実施し、配信データにもとづき最適化していく広告取引のこと。DSPやSSPを使った広告配信取引だけでなく、運用型広告全般を広く指してプログラマティックと表現されることもあるため、ビジネスにおいてはどの程度の範囲までをプログラマティックといっているのか、コンセンサスを取って議論を進めることが重要。

159〉DSP
ディーエスピー
【 Demand Side Platform 】

広告主のための
広告配信
プラットフォーム

解説 プログラマティックバイイングにおける、広告主側の配信プラットフォーム。

［代表例］Scaleout、PORTO、MarketOne®、ディスプレイ&ビデオ360（DV360）、Amazon DSP

160〉SSP／ アドエクスチェンジ
エスエスピー
【 Supply Side Platform 】

媒体社のための
広告配信
プラットフォーム

解説 プログラマティックバイイングにおける、媒体社側の広告配信プラットフォーム。

［代表例］Googleアドマネージャー（GAM）、fluct、Ad Generation

広告枠の自動買付！

プログラマティックバイイング

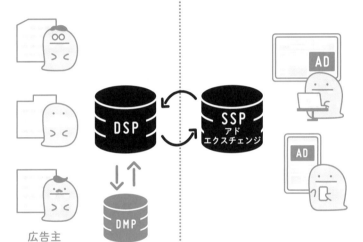

広告主

DSPは広告主の
広告配信
プラットフォーム

SSPは媒体社の
ための広告配信
プラットフォーム

161〉 **RTB** リアルタイム入札
アールティービー
【 Real-Time Bidding 】

解説 1インプレッションごとにリアルタイムで入札を行い、最高価格で応札した広告を配信する仕組み。プログラマティックバイイングで最も多い買付方式。IABによって策定されているOpen RTBが共通仕様として広く普及している。

- -

162〉 **オープンオークション（OA）** フロアプライスが設定されていないRTB
【 Open Auction 】

解説 最もよく利用されるオークション形式。誰でも参加でき、フロアプライスも設定されない。広告主は安価に広告を買うことができるが、掲載先を制御しきれないため広告毀損のリスクが高い点に注意が必要。媒体社は、広告枠の空きを埋めることができるが、単価が安く値崩れのリスクも。

- -

163〉 **プライベートオークション（PA）** バイヤーが限定され、フロアプライスが設定されたRTB
【 Private Auction 】

解説 バイヤーが限定され、フロアプライスが設定されているRTB取引。買付参加が認められているバイヤーにとっては、フロアプライスさえクリアすればオープンオークションよりも競争環境が激しくないため、非常にパフォーマンスが高くなる場合もある。

- -

164〉 **フロアプライス** 最低落札価格
【 Floor Price 】

解説 最低落札価格のことで、その金額以上で入札しないとそもそもオークションに参加できない。フロアプライスは日本語で「底値」という意味（Floorは「床」、Priceは「価格」）。

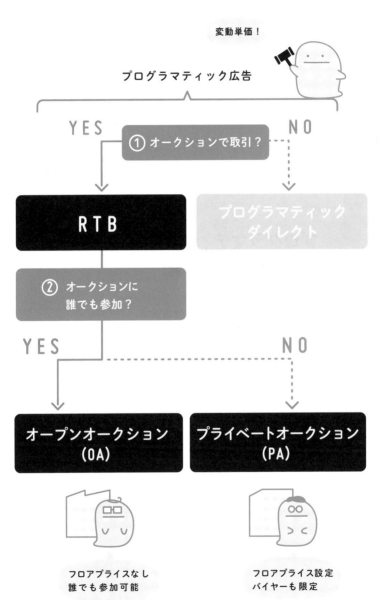

変動単価！

プログラマティック広告

YES　　　　　　　　　　　　　　　　　　NO

① オークションで取引？

RTB

プログラマティック
ダイレクト

② オークションに
誰でも参加？

YES　　　　　　　　　　　　　　　　　　NO

オープンオークション
(OA)

プライベートオークション
(PA)

フロアプライスなし
誰でも参加可能

フロアプライス設定
バイヤーも限定

45 プログラマティックダイレクト

プログラマティック
ダイレクト

165 >

【 Programmatic Direct 】

RTBでない
プログラマティック
バイイング

解説 単価が変動するオークション制のRTBとは異なり、固定単価でプログラマティックバイイングをすること。

プログラマティック
ギャランティード(PG)

166 >

【 Programmatic Guaranteed 】

広告配信プラット
フォームを使った
予約型広告

解説 広告配信プラットフォーム経由で実施する予約型広告のこと。従来の予約型広告と同様に、期間固定、広告単価固定、広告買付量固定で行う。広告配信プラットフォームの料金はかかるが、配信プラットフォーム（DSP）上で広告配信に関わるデータを一元管理でき、リアルタイムで全体最適につなげることができる点がメリット。

プリファード
ディール (PD)

167 >

【 Preferred Deal 】

単価固定の優先取引

解説 単価固定のプログラマティックバイイング。PGと異なり、広告単価以外はあらかじめ決めておく必要がないため、パフォーマンスに応じて配信期間や買付量を自由に調整できる。また、広告主と媒体社が合意した広告単価で配信される。また、個別合意がないRTBよりも優先して配信される。

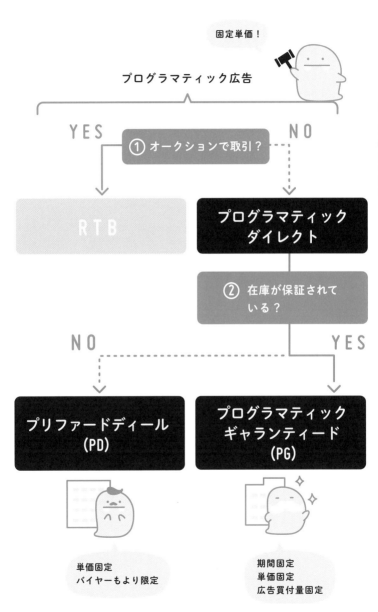

固定単価！

プログラマティック広告

YES   ① オークションで取引？   **NO**

RTB

プログラマティック
ダイレクト

② 在庫が保証されて
いる？

NO   **YES**

プリファードディール
(PD)

プログラマティック
ギャランティード
(PG)

単価固定
バイヤーもより限定

期間固定
単価固定
広告買付量固定

168 〉 **PMP**
ビーエムピー
【 Private Marketplace 】

広告主・媒体社が
限定された広告買付

解説 閉ざされた環境におけるプログラマティック取引のこと。具体的には OA 以外の PG、PD、PA などを指す。IAB の定義では PA と同義とされているが、実務上は PD を指すことがほとんど。

169 〉 **Deal ID**
ディール アイディー
【 Deal ID 】

PG、PD、PA で利用する
取引番号

解説 PMP（PG、PD、PA）を実施する際に媒体社が SSP から発行する取引番号のことで、広告主がこれを DSP に設定して初めて広告配信が可能になる。このディール ID には、事前に媒体社と広告主の間で合意がなされた条件（広告単価、広告枠）がひも付けられている。取引番号自体は「19C5806M7」のように、ランダムな英数字が割り当てられている。

PMP

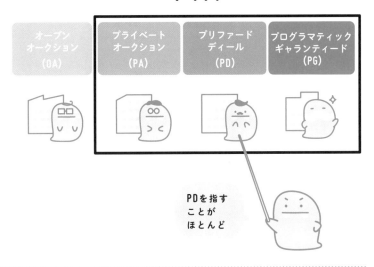

オープン オークション (OA)	プライベート オークション (PA)	プリファード ディール (PD)	プログラマティック ギャランティード (PG)

PDを指す
ことが
ほとんど

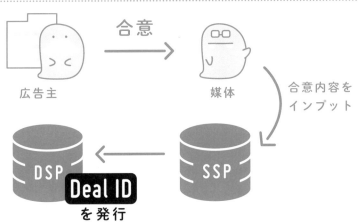

広告主　→ 合意 → 媒体

合意内容を
インプット

DSP ← SSP

Deal ID
を発行

合意内容がひも付けられたID
SSPからDSPに渡される

141

プログラマティック広告
オフライン広告媒体のオンライン化

| 170 | プログラマティック
TV広告
【 Programmatic TV Ads 】 | プログラマティック
バイイングができる
TV広告 |

解説 米国ではセットトップボックス経由のプログラマティックのTVCM買付が導入されているが、今後はインターネット接続するTV（コネクテッドTV）が普及していくことによって、TVの広告枠をよりプログラマティックな形で買付できるようになることが期待されている。

| 171 | プログラマティック
オーディオ広告
【 Programmatic Audio Ads 】 | プログラマティック
バイイングができる
音声広告 |

解説 日本でもradiko.jpやSpotifyにおいてプログラマティックオーディオアドがスタート。音声コンテンツがインターネット上に増加しており、音声広告のマーケット拡大も期待されている。

［代表例］Premium Audio広告

| 172 | デジタル
サイネージ
【 Digital Signage 】 | 電子看板 |

解説 広告、宣伝、案内のための電光掲示板。

| 173 | ディーオーオーエイチ
DOOH
【 Digital Out of Home 】 | デジタルサイネージを
活用した広告全般 |

解説 デジタルサイネージを使った広告全般のこと。具体的には屋外広告、交通広告、店舗内サイネージなどがある。単に看板が電子化されるだけではなく、広告配信パフォーマンスを予測して配信結果を数値化し、従来のOOHにはない柔軟な最適化・効率化が可能になる点がポイント。

［代表例］LIVE BOARD Network、Tokyo Prime Premium Vidio Ads

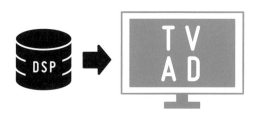

TV広告の買付
もアップデート
されていく!?

日本においても
すでにスタート
してるよ!

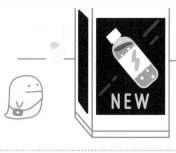

電子看板

最近、看板広告や
タクシー広告など
の屋外広告がどん
どんデジタル化さ
れてる

広告掲載位置

174 〉 **ATF**
エーティーエフ
【 Above the Fold 】

ウェブページの上部

解説 半分に折りたたんだものの上部という意味。Aboveは「〜より上」、Foldは「折りたたみ」という意味。

175 〉 **BTF**
ビーティーエフ
【 Below the Fold 】

ウェブページの下部

解説 半分に折りたたんだものの下部という意味。Belowは「〜より下」、Foldは「折りたたみ」という意味。

176 〉 **ファーストビュー**
【 First View 】

スクロールせずに最初に見える範囲

解説 ユーザーがウェブページを訪れた際に、最初に目に入る部分。ファーストビューに入っている広告枠はビューアビリティが高いことが多い。

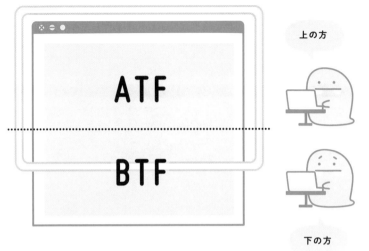

上の方

下の方

ファーストビュー

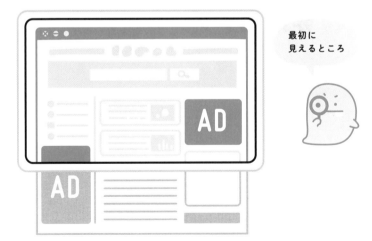

最初に
見えるところ

177 > 同期タグ
【 Synchronous Tag 】

ページ読み込み処理を
止めてしまうタグ

解説 ページ読み込みとアドタグの読み込みを直列的に処理するため、アドタグの処理が完了するまで、ページ読み込みがストップしてしまうタグ。アドタグの読み込みに問題が発生し遅滞すると、ページ読み込みも遅滞してしまう点に注意が必要。アクセス解析のための計測タグにおいても同じことがいえる。

178 > 非同期タグ
【 Asynchronous Tag 】

ページ読み込み処理を
止めないタグ

解説 ページ読み込みとアドタグの読み込みを並列的に処理するため、ページ読み込みとアドタグの処理が別々に実施されるタグ。アドタグの読み込みに問題が発生しても、ページ読み込みに影響を与えないため、非同期タグが推奨されている。アクセス解析のための計測タグにおいても同じことがいえる。

同期タグ

直列処理で
読み込みが
止まる

非同期タグ

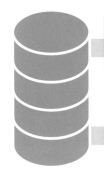

並列処理だから
読み込みが
止まらない

179〉 媒体アドサーバ
【 Ad Server 】

媒体の広告配信・
広告在庫管理ツール

解説 純広告などの広告配信（サーブ）だけでなく、広告枠管理の効率化と収益最大化をするためのテクノロジー。ブラウザで広告ビジネスを展開する多くの媒体社がアドサーバを導入している。収益最大化をさせるべく、純広告やSSPなどにそれぞれどのようにインプレッションや単価を設定すればよいか、アドサーバを通したPDCAを媒体社は日々実行している。単に「アドサーバ」ともいう。

［代表例］Googleアドマネージャー（GAM）、SpotX、FlexOne®

180〉 RPM
アールピーエム
【 Revenue Per Mille 】

見積り収益額÷
インプレッション数×
1,000（金額）

解説 広告表示1,000回あたりの収益見積り。インプレッション単価をどれだけ高くできるかを把握するための指標。Milleはラテン語で「1,000」という意味。また、広告枠1枠の収益だけでなく、複数の広告枠を合わせたページ全体の収益見積りを出す際にもRPMは利用される。その場合の計算式は、見積り収益額÷ページビュー（PV）数×1,000。

100imp 1/1〜1/30

50imp 1/20〜1/30

うまく活用して
媒体社の広告収益を
UPさせよう！

媒体社

1,000回見られるのに
いくらかかったか

同じインプレッションでも
媒体社にとっては
コストではなく収益

広告差配（基礎）

181 ウォーターフォール
【 Waterfall 】

設定した優先順位に従って広告が差配される仕組み

解説 アドサーバ上で設定した優先順位に従って広告を割り付けていくこと。例えば「予約広告①→予約型広告②→アドネットワーク→SSP①→SSP②」といった形で優先順位を設定すると、この順番で広告が割り当てられていく。この場合、SSP②はたとえ一番高い単価であったとしても、最後にしか出番が回ってこない。このようにアドサーバの優先順位に従い上位設定から下位設定を順番に広告差配するため、ウォーターフォールと呼ばれている。

182 ファーストルック
【 First Look 】

一番最初に呼び出してもらうこと

解説 最も高い優先順位であること。ウォーターフォールでは、通常は単価が一番高い予約型広告がファーストルックを獲得していることが多い。Firstは「最初」、Lookは「見る」で、最初にあなたを見ますよ、という意味。これが転じて「優先交渉」という意味に。

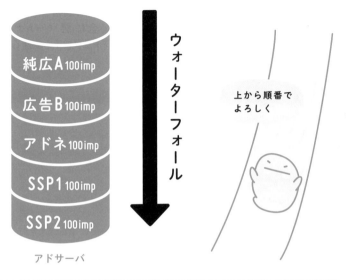

ウォーターフォール

純広A 100imp

広告B 100imp

アドネ 100imp

SSP1 100imp

SSP2 100imp

アドサーバ

上から順番で
よろしく

ファーストルック

純広A 100imp

広告B 100imp

アドネ 100imp

SSP1 100imp

SSP2 100imp

アドサーバ

最優先
されるもの

[183] **パスバック**
【 Passback 】

> 最適な広告がない
> 場合に別パートナーに
> アドリクエストを送ること

解説 ウォーターフォールでは、アドネットワークやSSPなどが割り当てられたすべてのインプレッションを希望単価で買い付けることは現実的にできない。このような場合に、買い付けられなかった広告リクエストを別のパートナーに送ることができ、これをパスバックという。パスバックされる場合、通常よりも単価が大きく下がってしまうため、パスバック比率のコントロールは収益上非常に重要。Passbackは「差し戻し」という意味。

[184] **フィラー**
【 Filler 】

> パスバックされる
> パートナー

解説 空き枠を埋めるために、パスバックされるパートナー企業のこと。SSPやアドネットワークなどが設定される。最後まで広告が入らない場合は、最後のフィラーとして設定された自社広告などが流れる。Fillerは「埋める者、満たす者」という意味。

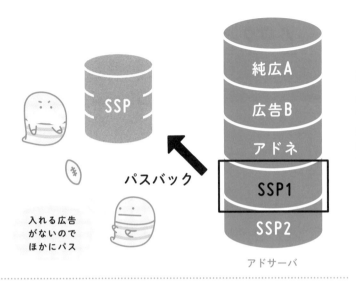

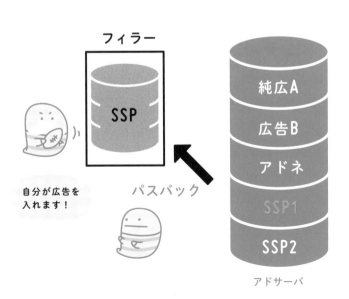

52 広告差配（発展）

185 ダイナミック アロケーション
【 Dynamic Allocation 】

収益最大化を基準に
広告を差配

解説 広告リクエストごとに、GAM が Google Ad Exhange とその他のエクスチェンジなどの広告を CPM でリアルタイムに評価して、高い方を配信するという仕組み。

186 ヘッダー ビディング
【 Header Bidding 】

最も入札単価が高い
広告に広告を差配する

解説 アドサーバへ広告リクエストを送る前に、まずヘッダービディング内においてどのバイヤーが最高単価であったかを決定。それをアドサーバに伝え、その単価とアドサーバ内のバイヤーの最高単価を比較して、より単価の高い方の広告を配信する仕組み。ダイナミックアロケーションにおいて一定の機会損失が発生していた SSP やエクスチェンジ各社も入札に参加可能になったため、媒体社としてはより高い単価での配信が期待できるようになった。

[代表例] Prebid.js、Transparent Ad Marketplace (TAM)

ダイナミックアロケーション

第 3 章　広告配信

広告A 700円

広告B 800円

広告C 500円

広告D 400円

収益性が
よいものに差配

ヘッダー
ビディング

アドサーバ

広告A 700円

広告B 800円

広告C 500円

広告B 800円

純広 100円

アドネ 600円

より公平な
オークションで収益UP

187 > ラッパー
【 Header Bidding Wrapper / Container 】

ヘッダービディングの
ワンタグ

解説 ヘッダービディングで収益増が期待できるようになったが、企業ごとにタグを設置するとタグの管理が煩雑になるだけでなく、ページの読み込みが遅くなってしまうといった問題がある。これを解決するために、ヘッダービディングのタグやソリューションをまとめて管理できるラッパーが重宝されるようになってきている。

188 > Prebid.js
（ プレビッド ジェーエス ）

ラッパーの
オープンソース
プログラム

解説 ヘッダービディングのためのオープンソースのJavaScriptプログラム。ラッパーソリューションとして広く活用されている。様々なSSP企業などがカスタマイズをして、媒体社に提供。媒体社が自らPrebid.jsをカスタマイズし導入するケースも増えてきている。

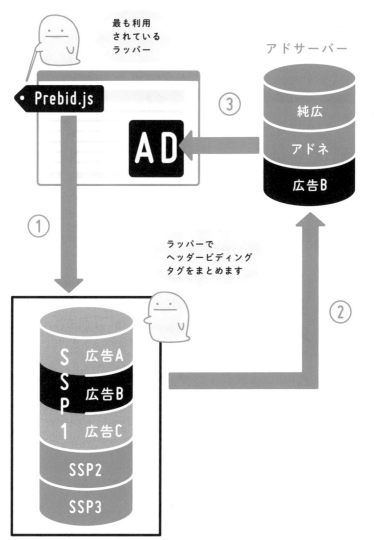

最も利用
されている
ラッパー

アドサーバー

Prebid.js

③

AD

純広

アドネ

広告B

①

ラッパーで
ヘッダービディング
タグをまとめます

②

S
S
P
1

広告A

広告B

広告C

SSP2

SSP3

インストリーム動画広告の挿入方法

189 > **SSAI**
【 Server-Side Ad Insertion 】

**コンテンツ動画と
動画広告を結合し、
1つのコンテンツに
見立てる技術**

解説 インストリーム動画広告の場合、「①コンテンツ動画を一時停止→②広告動画を再生→③広告動画が完了してコンテンツ動画に戻り再生」というプロセスが必要であったが、SSAIの登場により、コンテンツ動画と広告動画をSSAIサーバで1つのコンテンツに見立て、動画プレーヤーに情報を送ることが可能に。その結果、「①コンテンツ動画(広告動画含む)を再生」のように1つの挙動で完結させることができるため、切り替え時のタイムラグをなくすことができる。また、コンテンツ動画と広告動画を同一ドメインから配信することもできるため、広告ブロッカーを無効化するソリューションとしても期待されている。

[代表例] Brightcove

190 > **スティッチング**
【 Stitching 】

**2つの動画(素材)を
接合すること**

解説 2つの動画(や素材)を縁が合うように接合すること。SSAIにおいては、コンテンツ動画と広告動画をSSAIサーバで接合することを指す。Stitchは「縫う」という意味。

（従来の場合）

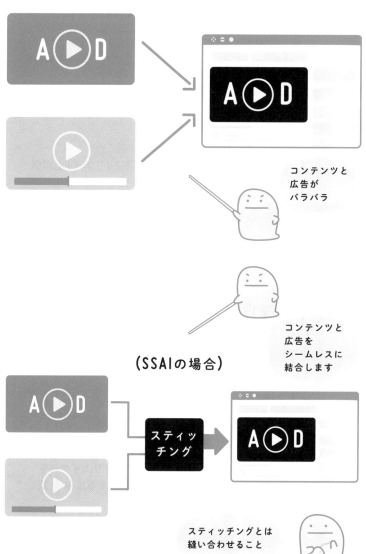

コンテンツと
広告が
バラバラ

コンテンツと
広告を
シームレスに
結合します

（SSAIの場合）

スティッ
チング

スティッチングとは
縫い合わせること

191 **アフィリエイト**
【 Affiliate Marketing 】

成果報酬型広告

解説 広告主の商品やサービスを紹介し、購買やページ閲覧などの成果が発生した際に、媒体社に成果報酬が支払われる広告。

---

192 **アソシエイト**
【 Associates 】

アフィリエイトと同義

解説 アマゾンなどではアフィリエイトをアソシエイトと表記している。

---

193 **アフィリエイター**
【 Affiliater 】

アフィリエイトで
成果報酬を
受け取っている人

解説 ブログ、メルマガ、SNSなどで広告情報を発信し、コンバージョンが発生して広告主から承認された際に報酬を受け取る人のこと。ASPに登録後、広告主や商品を選択し、その広告を媒体に掲載する。

---

194 **ASP**
エーエスピー
【 Affiliate Service Provider 】

広告主と
アフィリエイターを
仲介する広告企業

解説 多くのアフィリエイターを束ね、広告主とのマッチングや支払いなどを管理する企業やプラットフォーム。広告主はASPに依頼すれば、媒体と個別契約を結ぶことなく、ASPが契約する様々な媒体で広告掲載が可能。

[代表例] バリューコマース、A8.net

アフィリエイト

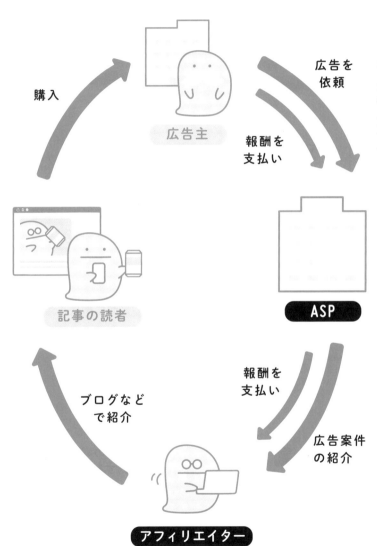

広告を依頼

報酬を支払い

広告主

購入

記事の読者

ブログなどで紹介

ASP

報酬を支払い

広告案件の紹介

アフィリエイター

55

---

195 〉 **承認**
【 Approval 】

広告主側が報酬の
支払いを確定（承認）
すること

解説 アフィリエイト広告は広告主から承認されなければ、サイト上でコンバージョンしていても成果報酬は発生しない。具体例として、コンバージョンをしてもそれがキャンセル、未振込、住所・電話番号がでたらめな場合などは承認されない。

---

196 〉 **承認率**
【 Approval Rate 】

確定アフィリエイト成果
件数÷発生アフィリエイト
成果件数（%）

解説 発生した成果に対して広告主側が承認した割合。広告主は基準を緩く設定しすぎると、実際には成果が発生していないのに報酬を支払うことになり損失を被ることになるが、基準を厳しくしすぎるとアフィリエイターから敬遠される。承認率を見ながら妥当な基準を設定していくことが肝要。

---

197 〉 **自動承認**
【 Automatic Approval 】

自動的に承認すること

解説 広告主やASPがその都度確認をしなくても、自動的に成果が承認されること。コンバージョンが発生すると同時に報酬額が確定する。インターネット上のコンバージョンを成果条件とするケースは自動承認が多い。具体的にはアプリのインストールなどが挙げられる。

---

198 〉 **手動承認**
【 Manual Approval 】

人がその都度確認し
承認すること

解説 広告主やASPがその都度確認し、成果が承認されること。成果条件が入金である場合は、インターネット上で商品購入ボタンが押されコンバージョンしたとしても、入金が確認されるまで承認されない。入金のほかにも、来店などのようにオフラインの成果地点を設定する場合は基本的に手動承認。

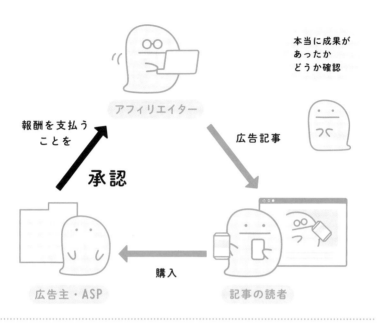

本当に成果が
あったか
どうか確認

報酬を支払う
ことを

承認

広告記事

アフィリエイター

広告主・ASP

購入

記事の読者

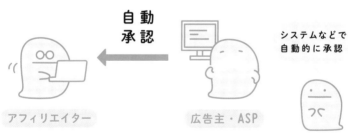

自動
承認

システムなどで
自動的に承認

アフィリエイター

広告主・ASP

手動
承認

人が確認して
1つ1つ承認
面倒だけど
仕方ないよね

アフィリエイター

広告主・ASP

199〉 **アドベリフィ ケーション**
【 Ad Verification 】

広告の価値毀損が 起こっていないかの 検証

(解説) ビューアビリティ、アドフラウド、ブランドセーフティなど広告の価値毀損に関わる事項をテクノロジーを利用して検証すること。運用型広告のニーズが高まるにつれ、広告主のブランド毀損を含む広告の価値毀損の問題が顕在化し、アドベリフィケーションの必要性が非常に高くなってきている。Adは「広告」、Verificationは「検証」という意味。

[代表例] Integral Ad Science、Momentum、MOAT

200〉 **ビューアビリティ**
【 Viewability 】

広告の可視性

(解説) 広告の可視性のことで、広告がモニター上にしっかり表示されているかを把握するための指標。広告はインプレッションごとに課金されるが、広告枠がページ下部にあったり、上部にあってもすぐにスクロールされたりしたために、画面上に十分に表示されないことが頻発し問題化。ビューアビリティは、「ビューアブルインプレッション数÷計測できたインプレッション数」で計算し、パーセンテージで表されるが、分母がビューアビリティ計測上のインプレッション数であり、媒体計測のインプレッション数ではない点に注意が必要。

アドベリフィケーション

ビューアビリティ　アドフラウド　ブランド
セーフティ　など

広告の価値が
守られているか

AD

AD

50%が1秒
(動画は2秒)
表示されてる?

201 〉

ビューアブル インプレッション

【 Viewable Impression 】

一定基準以上の
可視性が担保された
インプレッション

解説 ビューアブルインプレッションの定義はIABとMRCによって規定されており、ディスプレイ広告の場合は広告面積の50%以上が1秒以上、動画広告の場合は広告面積の50%以上が2秒以上、モニター上で閲覧可能な状態で表示されたインプレッションのこととされている。ただし広告主によっては、これよりもさらに厳しい独自の基準を設けるケースも出てきている（例：広告の100%以上が2秒以上など）。また、ボットなどによる不正なインプレッションであるアドフラウドは、ビューアブルインプレッションから除外される。

202 〉

アドフラウド

【 Ad Fraud 】

ボットなどによる広告
数値の不正な水増し

解説 広告の詐欺のことで、特に広告の不正な水増しのこと。広告がしっかり人に表示されているのか、広告がボットなどで不正に消費されていないかを把握し、対処していく必要がある。質の低いサイトなどにおいて、マネタイズのためにボットによる不正なインプレッションが増加し問題となった。ボットのリスクは、インプレッションだけでなく、クリックにおいても存在している。クリック率が高い広告枠は高値で取引されることが多いため、クリックボットによってクリック率を一定以上に保とうとする悪徳事業者がいることなどがその原因。Adは「広告」、Fraudは「詐欺」という意味。

見えている割合
がビューアブル
インプレッション

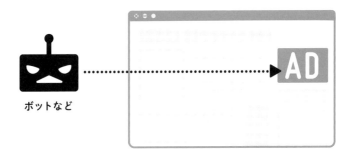

ボットなど

水増し目的の
不正な
インプレッション

ブイシーピーエム
203 vCPM
【 Viewable Cost Per Mille 】

**コスト÷ビューアブル
インプレッション数
×1,000（金額）**

解説 ビューアブルインプレッション 1,000 回あたりのコスト。課金形式
をシンプルな CPM モデルから、ビューアブルインプレッションのみ
に料金が発生する vCPM 課金という課金形式も登場し始めている。

---

204 ボット
【 Bot 】

**自動的に作業をする
プログラム**

解説 検索の利便性を高めるために情報を自動収集するクローラーや、SNSに
記事を自動投稿するプログラムもボットだが、広告詐欺プログラムや、コ
ンピュータを外部から操作するためのウイルスなどもボット。自動化する
プログラムの内容次第で、イメージが大きく変わってくる用語である。

エスアイブイティー
205 SIVT
【 Sophisticated Invalid Traffic 】

悪意のあるボット

解説 人間に近い複雑な動きをするボットで、GIVTと違い検出が難しく、広
告詐欺に使うことを目的にされていることが多い。マルウェアやアド
ウェアを通してユーザーのデバイスやブラウザに感染する。

ジーアイブイティー
206 GIVT
【 General Invalid Traffic 】

悪意のないボット

解説 比較的単純なルールにもとづいた動きをするボットで、検索エンジン
のクローラーなどのように、広告詐欺のためではなくインターネット
ユーザーの利便性を向上するための情報収集などに利用される。

  /

ビューアブルimp
だけで計算したCPM

1000

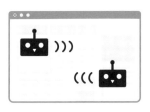 

エンジンの
クローリングなど

SIVT

ワルーイ
ボット・・・

GIVT

イイ
ボット！

59

アドベリフィケーション
ブランドセーフティとアドクラッター

207 ブランド
セーフティ
【 Brand Safety 】

**ブランドイメージ毀損
のリスク回避**

解説 広告が適切なサイトやコンテンツに表示されているかどうか、ブランド
毀損のリスクがあるページに広告掲載されていないかどうかを把握し、
リスクを回避すること。反社会的活動、ポルノ、著作権侵害コンテンツ
などへの広告掲載が欧米で大きな問題になり、ツールを使ったリスク計
測や配信制御での対応が強く求められるようになってきている。

208 UGC
ユージーシー
【 User Generated Content 】

**ユーザーが生み出す
コンテンツ**

解説 一般ユーザーが作り出すコンテンツのこと。ブログ、SNS、動画共
有サイト、掲示板などにおける投稿や、そのレビューなどが具体例。

209 CGM
シージーエム
【 Consumer Generated Media 】

**UGCをベースにした
媒体のこと**

解説 一般ユーザーが作ったコンテンツによって成立する媒体。ブログ、
SNS、動画共有サイト、掲示板などが具体例。広告掲載先としては、
様々なユーザーがアクティブに関与している点は魅力的であるが、ブ
ランドセーフティなど広告の価値毀損のリスクが高くなる点に注意が
必要。

ブランドを
損なうこと
を回避！

UGC

CGM

個人

個人　　　　個人が作った
　　　　　　コンテンツ

個人が作ったコンテンツ
が集まった媒体

ユーザーが作るコンテンツは
すべてを管理はできないため
リスクは高くなってしまう

171

210 > **ホワイトリスト**
【 Whitelist 】

大丈夫なもののリスト

解説 受け入れるもののリストのことで、そこに含まれないものは一律に拒絶される。広告配信時のホワイトリスト設定では、登録されたサイトのみに配信される。この場合、質の高い媒体のみに配信するため単価が高くなることが多い。リスク回避と効率性向上はトレードオフであることが多いため、広告主の判断が求められる。

211 > **ブラックリスト**
【 Blacklist 】

大丈夫ではないもののリスト

解説 受け入れることができないもののリストのことで、そこに含まれないものは一律に受け入れられる。広告配信時のブラックリスト設定では、登録されたサイトへは広告配信されないが、それ以外のサイトへは広告配信される。ホワイトリスト運用よりも獲得効率は落ちにくいが、アドベリリスクは高くなってしまう。

212 > **アドクラッター**
【 Ad Clutter 】

広告の混雑度合い

解説 1つのページにどれほど多くの広告が掲載されていたかの度合いを示したもの。広告枠が多く設置されれば媒体の収益性は短期的には向上するが、広告であふれる媒体に広告掲載をすることは、広告主だけでなくユーザーにとってもプラスとはいい難い。昨今、広告の価値毀損リスクの1つとして注目されるようになってきている。

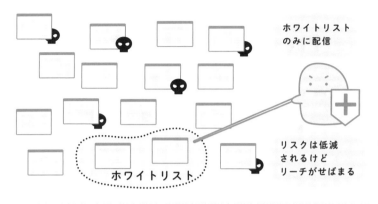

ホワイトリスト
のみに配信

リスクは低減
されるけど
リーチがせばまる

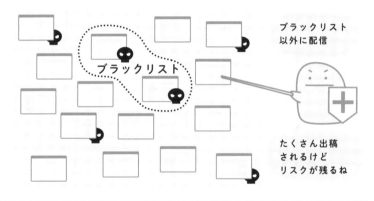

ブラックリスト
以外に配信

たくさん出稿
されるけど
リスクが残るね

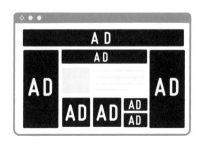

こんなところに
広告出したく
ないよね…

60 アドベリフィケーション
アドベリフィケーション対策テクノロジー

213 **Pre-bid対応**
【 ブ レ ビ ッ ド 】
【 Pre-bid Blocking 】

入札前に広告配信を
ブロック

解説 入札前に、リスクがある広告配信の買付を止めること。入札前であるため媒体費は発生しない。主にDSPで利用可能な機能。

214 **Post-bid対応**
【 ポ ス ト ビ ッ ド 】
【 Post-bid Blocking 】

入札後に広告配信を
ブロック

解説 入札後に、リスクがある広告配信への対応を行うこと。入札後であるため媒体費は発生。あらかじめ入稿しておいた差し替え用の広告などに切り替える処理をその都度実施する。DSP以外に、アドネットワークや純広告などでも利用可能。

215 **ads.txt**
【 ア ズ テ キ ス ト 】

ドメインのなりすまし
対策の仕組み

解説 IAB Tech Labによって策定された、不正な広告枠の販売を防止するための仕組み。悪意を持った第三者が人気サイトや人気アプリになりすまし、実際に広告が掲載されているかのように装い、広告費を不正にだまし取るアドフラウドが増加。この対策として、ウェブ媒体やアプリごとにads.txt（アプリの場合はapp-ads.txt）ファイルを自社サイト上に公開し、DSPなどが広告枠入札の際にファイルをクロールできるようにすることで、なりすましサイトやアプリへの広告配信を防止することが可能に。

① 入札しますか？

入札前に
ブロック

② 入札しません

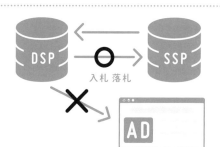

入札 落札

AD

落札後に
ブロック

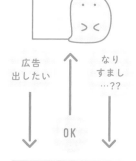

広告
出したい

なり
すまし
…??

OK

AD

なりすましサイト

広告
出したい

ads.text
があるから
買おう！

OK

ads.text

AD

なりすまし
はダメ！！

216 アイエービー
IAB
【 Interactive Advertising Bureau 】

インターネット広告の
業界団体

解説 インターネット広告における技術コミュニティをリードし、規格・仕様の標準化や具体的取り組みを審議し、決定していく組織。米国・ニューヨークに本部を置く。これまで、バナーフォーマットの規格化、ネイティブ広告の分類、ビューアビリティの定義策定など、業界健全化のために様々な技術や仕様、ルールを策定。

217 エムアールシー
MRC
【 Media Rating Council 】

米国の媒体指標
協議会

解説 監査や認定審査を実施する米国の組織。ビューアビリティの定義策定や、アドベリフィケーション計測ツールの各種認定などを実施している。

218 ジェーアイエーエー
JIAA
【 Japan Interactive Advertising Association 】

日本の
インターネット広告の
業界団体

解説 日本のインターネット広告の健全化を推進する業界団体で、正式名称は一般社団法人 日本インタラクティブ広告協会。IABのライセンスを取得し、IABのグローバルネットワークの一員として各組織と連携。2017年にはIABとともにIAB JAPANを設立している。

仕様やルール
を構築

監査や
認定審査を
実施

IABと連携しな
がら日本で健全
化を推進

4 オーディエンスデータ

データの
おはなし

データって複雑そうだけど整理すると実はシンプル！

Input

- データベンダーからのデータ
- 広告媒体社のデータ
- ポイントサービスや
  カード決済などによるデータ
- パネル調査などのデータ

データ取得

DMP

データの"量"だけでなく"質"も

○ そのデータはどこから来たのか？

○ そのデータは確定データ？
  推測データ？

利用の目的は？

○ 自社ユーザーの分析や
  広告配信？

○ データ販売？

Output

広告配信

データ分析

リターゲティング

類似拡張

ユーザー分析

データ販売

何のために使う？

○ 広告配信：どこまで広げる？

○ 分析：分析の目的は？

2010年〜

○ DMPの利活用

○ リターゲティング
手法の興隆

2015年〜

○ データ利活用の
問題点が徐々に
顕在化
（個人情報）

○ 様々な規制
①法的規制
・GDPR
②テクノロジーを
利用して規制
・AppleによるITP

オーディエンスデータをうまく活用できれ
ば大きな武器になるよ。一方で、そのプロ
セスを誤れば大きなリスクに。敬遠しがち
なこの領域、単語からアプローチして理解
を深めていこう！

62 DMPとオーディエンスデータ取得タグ

219 DMP
ディーエムピー

【 Data Management Platform 】

オーディエンスデータを一元的に管理するプラットフォーム

解説 オーディエンスデータを蓄積し、分析や広告配信最適化を通して、顧客とのコミュニケーションを最適化するためのプラットフォーム。

[代表例] People Driven DMP、Fortuna、AudienceOne®

220 DMPタグ
ディーエムピー

【 DMP Tag 】

オーディエンスデータ蓄積のためのタグ

解説 DMPにオーディエンスデータを蓄積するために設置されるタグ。サイトに設置されたタグは、ページが読み込まれた際にDMPのサーバにCookie情報などを含むオーディエンスデータを送付する。

221 リターゲティングタグ

【 Retargeting Tag 】

オーディエンスデータ蓄積のためのタグ

解説 リマーケティングを実施するために、DMPタグと同じようにサイトに設置されるタグ。DMPタグと目的は同じであるが、オーディエンスデータの蓄積先がDMPではなく、DSPを含む広告配信プラットフォームである場合はリターゲティングタグ（リマーケティングタグ）と呼ばれることが多い。

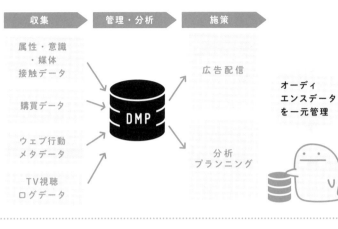

| 収集 | 管理・分析 | 施策 |

属性・意識
・媒体
接触データ

購買データ

ウェブ行動
メタデータ

TV視聴
ログデータ

DMP

広告配信

分析
プランニング

オーディ
エンスデータ
を一元管理

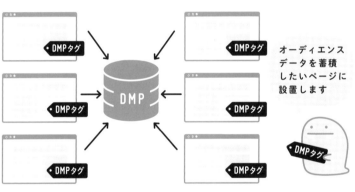

DMPタグ
DMPタグ
DMPタグ
DMP
DMPタグ
DMPタグ
DMPタグ

オーディエンス
データを蓄積
したいページに
設置します

DMPタグ

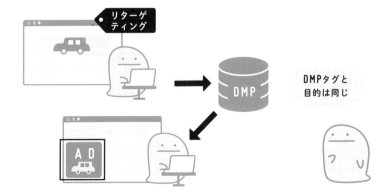

リターゲ
ティング

DMP

AD

DMPタグと
目的は同じ

63 オーディエンスデータとCookie ID

222〉 **オーディエンス データ**
【 Audience Data 】

インターネット上の
ユーザーデータ

解説 基本的にCookieや広告IDをキーにして管理され、属性、興味関心、行動ログデータなどがひも付けられたデータ。オーディエンスターゲティングの根拠となるデータであり、広告配信やオーディエンス分析などに利活用される。

223〉 **Cookie ID**
（クッキー　アイディー）
【 Cookie ID 】

ブラウザでユーザーに
割り振られるID

解説 Cookieとは、ユーザー情報がそれぞれブラウザにおいて保存される仕組み。ユーザー（ブラウザ）ごとにIDが振られ、これをCookie IDという。ユーザーはログイン状態を維持できるなどのメリットがあり、サイト事業者側は訪問者の識別や認証、UU（UB）数や訪問回数の記録が可能になる。ただし、同一ユーザーであっても別ブラウザを利用する場合は別のCookie IDが付与されるため、基本的に別ユーザーであると認識されてしまう点に注意。

224〉 **Cookie Sync**
（クッキー　シンク）
【 Cookie Sync 】

複数のCookieを
突合すること

解説 同一ブラウザの同一ユーザーであっても、Cookieを発行する企業（ドメイン）が違えばCookie IDは異なる。ただしCookie IDが異なったとしても、同一ユーザーであることを各社が認識できないと、そのユーザーに対するRTBのオークションが成立しない。そのため、各社のCookie IDを突合させておく必要があり、この突合処理のことをCookie Syncと呼ぶ。

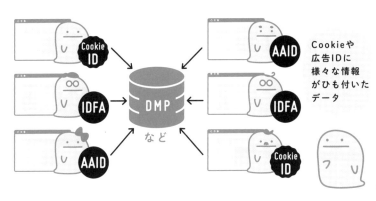

Cookieや
広告IDに
様々な情報
がひも付いた
データ

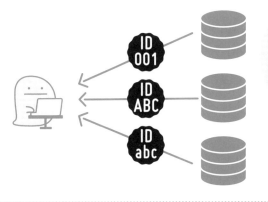

同じユーザーでも
ブラウザやテック
が異なればIDも
別のものが
それぞれ振られる

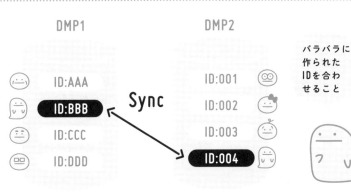

バラバラに
作られた
IDを合わ
せること

64

オーディエンスデータ（広告ID）

225〉 **広告ID**
アイディー
【 Mobile Advertising ID 】

ユーザーに
割り振られる
広告用ID

解説 スマートフォンやタブレットのアプリで利用される、広告用の端末識別ID。スマートフォンであってもブラウザが Chrome や Safari などの場合は、広告IDではなくCookieを利用して計測する。

226〉 **IDFA**
アイディーエフエー
【 Identifier for Advertising 】

iOS (Apple) における
広告ID

解説 iOSにおける広告IDの呼び名。iOSとAndroidの場合で広告IDの名前が異なる。

227〉 **AAID**
エーエーアイディー
【 Google Advertising Identifier 】

Android (Google) に
おける広告ID

解説 Androidにおける広告IDの呼び名。iOSとAndroidの場合で広告IDの名前が異なる。

228〉 **端末ID**
アイディー
【 Device ID 】

ユーザーに
割り振られるID

解説 スマートフォンやタブレットの端末ベースで割り振られているID。広告IDと異なり、IDのリセットやターゲティング広告のオプトアウト設定ができないため、広告に利用することはできない。端末IDも Apple は「UDID」、Google は「Android ID」とプラットフォームごとに名称が異なる。

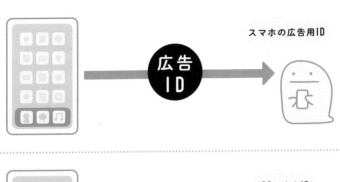

スマホの広告用ID

iOSの広告ID

Androidの広告ID

オプトアウトや
リセットができず
広告には使えないID

65 データソース
データソース

1stパーティー
データ
（ファースト）
【 First Party Data 】

229〉

自社ユーザーデータ

解説 自社で蓄積したユーザーデータのこと。サイト内での行動ログ情報だけでなく、会員登録時の属性やメールアドレスなどのデータも含まれる。広告主が自社で蓄積したユーザーデータはもちろん、媒体社が自社で蓄積したユーザーデータも媒体社にとっては1stパーティーデータ。

2ndパーティー
データ
（セカンド）
【 Second Party Data 】

230〉

**パートナー企業の
ユーザーデータ**

解説 パートナー企業から提供されるユーザーデータのこと。パートナー企業が保持する、より詳細なデータを利活用できるため、3rdパーティーデータを利用した場合よりも分析や広告配信の精度向上が期待できる。媒体社がパートナー企業になるケースが多いため、媒体社データを2ndパーティーデータと呼ぶケースが多い。

3rdパーティー
データ
（サード）
【 Third Party Data 】

231〉

**データセラーが
共有する
ユーザーデータ**

解説 自社やパートナー企業以外の第三者から提供されるデータのこと。データを販売するデータセラーが主な提供者となる。

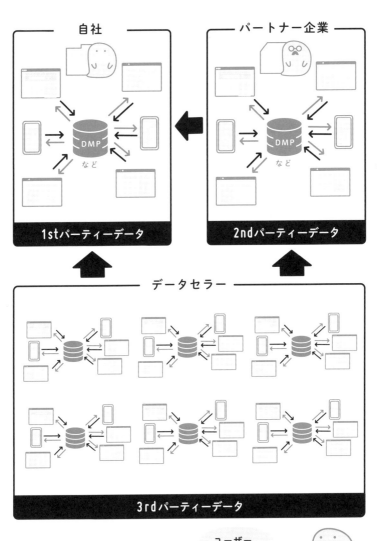

自社
パートナー企業

DMP
など

DMP
など

1stパーティーデータ
2ndパーティーデータ

データセラー

3rdパーティーデータ

ユーザー
データにも
色々ある

66 Cookieの種類

232 1stパーティー Cookie
ファースト
クッキー
【 First Party Cookie 】

訪問サイトのドメイン から発行されている Cookie

解説 訪問サイトのドメインから発行されているCookieで、サイト保有者が自社サイトでのサービス向上のために利用する。ログインするために毎回ユーザー名やパスワードを入れなくても済んでいるのは、この1stパーティーCookieのおかげ。サイト解析時の計測精度は高いが、その計測はあくまでも自社サイトに閉じているので、サイトを横断した計測ができないのが難点。

233 3rdパーティー Cookie
サード
クッキー
【 Third Party Cookie 】

訪問サイト以外の ドメインから発行 されているCookie

解説 訪問サイト以外（アドテク企業などの第三者）のドメインから発行されているCookie。サイト横断的に利活用できるのは大きなメリットであるが、ユーザーの利便性向上に寄与しないとの理由から、ブラウザやユーザーからブロックされるケースが多くなってきている。ITPにおいては特に厳しく制限されている。

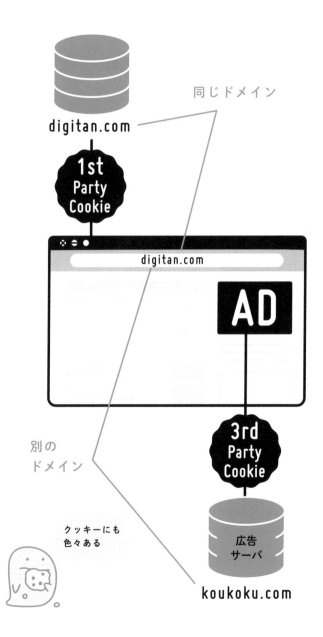

同じドメイン

digitan.com

1st
Party
Cookie

digitan.com

AD

別の
ドメイン

クッキーにも
色々ある

3rd
Party
Cookie

広告
サーバ

koukoku.com

67 データの種類と精度

234 プロバビリスティックデータ
【 Probabilistic Data 】

推定データ

解説 一定のロジックやアルゴリズムによって、興味関心や属性などが推定されたデータのこと。多くのオーディエンスターゲティングで利用されるデータではあるが、あくまでも推測にもとづくデータであるため、その精度については適宜検証が必要。Probabilisticは「蓋然論の、確率的な」という意味。

235 ディターミニスティックデータ
【 Deterministic Data 】

確定データ

解説 推定データではなく、精度が担保されている確定データのこと。会員登録時の年齢・性別情報を直接ひも付けたオーディエンスデータが具体例。Deterministicは「決定論的な、決定性の」という意味。

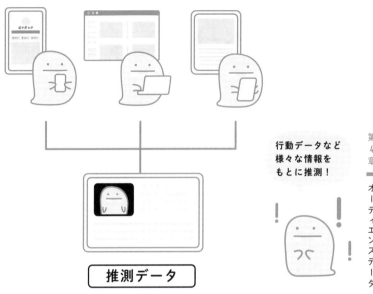

行動データなど
様々な情報を
もとに推測！

推測データ

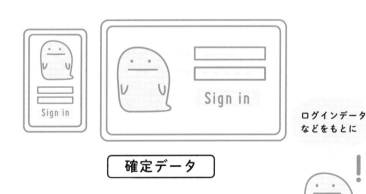

ログインデータ
などをもとに

確定データ

236〉 **プライベートDMP**
ディーエムピー
【 Private DMP 】

1stパーティーデータを
管理するためのDMP

解説 企業が自社で保有するオーディエンスデータを一元管理するための DMP のこと。現状分析をし、広告配信に限らず次の打ち手を実施するためのプラットフォーム。自社ユーザーをより深く把握するために、2nd パーティーデータや 3rd パーティーデータを取り込み、1st パーティーデータと突き合わせることもよくある。

[代表例] Adobe Audience Manager

237〉 **パブリックDMP**
ディーエムピー
【 Public DMP 】

3rdパーティーデータを
管理するためのDMP

解説 販売用のオーディエンスデータが蓄積されている DMP のこと。パブリック DMP を保有する企業は、データセラーとしてパブリック DMP 内のデータをほかの企業に販売する。「オープン DMP」や「データセラー DMP」と呼ぶこともある。

[代表例] Intimate Merger

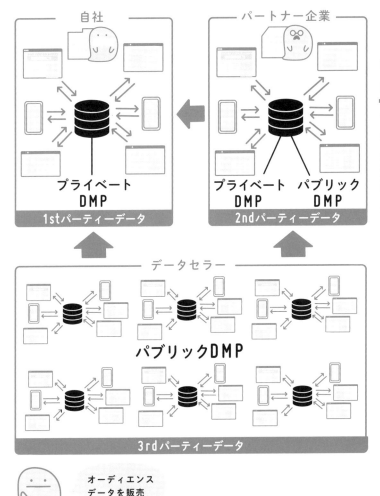

パートナー企業が自社分析のため
に使う場合はプライベートDMP、
データ提供のために使われるなら
パブリックDMP

自社

パートナー企業

プライベート
DMP

1stパーティーデータ

プライベート パブリック
DMP DMP

2ndパーティーデータ

データセラー

パブリックDMP

3rdパーティーデータ

オーディエンス
データを販売

238 データエクスチェンジ
【 Data Exchange 】

オーディエンスデータ
を交換すること

解説 各事業者が保有するオーディエンスデータを交換すること。精度の高いオーディエンスデータへの需要が高まるにつれ、データエクスチェンジのプラットフォームも充実してきている。

239 CDP
シーディーピー
【 Customer Data Platform 】

個人情報を中心に
オーディエンスデータ
を一元管理する
プラットフォーム

解説 DMPはCookieや広告IDなど、あくまでも個人が特定されない情報を扱っているのに対し、CDPはメールアドレス、氏名、年齢など具体的な個人情報を基軸にデータを管理する。このように収集するデータに特徴はあるが、テクノロジー上はDMPとの大きな相違は見られない。そもそも、CDPはDMPとは別のものなのか、DMPの概念の一部なのかなど、CDPの定義はいまだに流動的。

[代表例] TREASURE CDP

データホルダー　　　　　　　　　　　　　　データホルダー

アライアンス
でデータ交換

セグメント中心設計

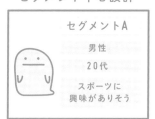

セグメントA

男性

20代

スポーツに
興味がありそう

個人プロファイル中心設計

デジタン

男性　　会社員

25歳　　未婚

スポーツ
ジム会員

DMPと異なり
個人情報まで管理

70 データ利用の制限

240〉 **ITP**
アイティーピー
【 Intelligent Tracking Prevention 】

Cookieを制限する
Appleの機能

解説 Appleが発表した、SafariにおいてCookieを制限するための機能。ITPは段階的に厳格化されている。まずは3rdパーティーCookieが制限を受け、即時破棄されることに（ITP2.0）。次に1stパーティーCookieが大きく制限を受け、有効期限が7日間（ITP2.1）から24時間（ITP2.2）に変更された。さらに、計測目的と判断された場合はCookie以外のストレージの有効期間も7日に制限（ITP2.3）されることに。これらの結果、SafariにおけるCookieをベースにした計測やオーディエンスターゲティングは極めて困難になった。

241〉 **GDPR**
ジーディーピーアール
【 General Data Protection Regulation 】

EU圏の人々の
個人情報を
保護するための規則

解説 2018年5月25日よりEU圏で施行された、データ管理の厳格化が大きく加速するきっかけとなった規制。個人データの移転に際し「明示的な同意」などが求められ、情報漏えい時においては「72時間以内に規制当局への届出」などが義務責任に。また、EU諸国などの住民の個人情報は域外移転が原則禁止。これらに違反した場合、巨額の制裁金（全世界売上高の4%か2,000万ユーロ）が科される。そのため、企業はどのようなデータが個人データにあたるか、その場合どのような取り扱いをすればよいか、ということが今まで以上に求められるようになった。日本企業においては、EU圏からの訪日者データなどの取り扱いが差しあたりの大きな課題となっている。

Apple　ITP

Cookie ID

Cookieによる
トラッキング

テクノロジー
での制限

EU　GDPR

個人情報

法律による
制限

70 データ利用の制限

242〉
eプライバシー
規則
【 ePrivacy Regulation 】

GDPRの特別法
※ 2019年12月現在は
審議中

解説 2017年1月10日に提案され、2019年12月現在審議がなされている GDPRの特別法。GDPRが個人データ全般の規則であったのに対し、eプライバシー規制は特にインターネット上における個人データの取り扱いに関するもの。ITPはテクノロジーによって個人情報の取扱いを制限するものだが、eプライバシー規制は法規制によって個人情報の取扱いをより厳しく制限。Cookieの取扱いが大きく制限されることが見込まれるため、「Cookie法」とも呼ばれている。

243〉
CMP
【 Consent Management Platform 】

ユーザーの同意を
管理するツール

解説 データの利活用についてユーザー許諾を求める仕組みを提供し、またその同意内容を管理するためのツール。企業側が利用者の許諾情報を管理できるだけでなく、その許諾の情報をユーザー自身が適宜変更することも可能。

EU

**eプライバシー
規則**

Cookie
ID

Cookieによる
トラッキング

法律による制限
でCookie利用が
厳しくなる

CMP

情報

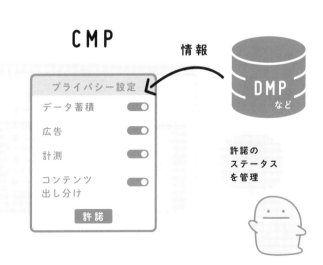

プライバシー設定

データ蓄積

広告

計測

コンテンツ
出し分け

許諾

DMP
など

許諾の
ステータス
を管理

244 オプトアウト
【 Opt-Out 】

ユーザーが非対象者に なることを選択すること

解説 もともとはサービスやデータ利用などの対象者であったユーザーが、自ら拒否することにより非対象者になること。例えば、会員全員に送付するのが前提のメルマガで、不要な場合に停止申請をするようになっている場合はオプトアウト方式である。広告でのデータ取扱いにおいては、ユーザーが自身のデータ利用を拒否（オプトアウト）できるように、そのためのページなどを広告事業者が用意しておく必要がある。Optは「選択する」、Outは「外に出る」という意味。

245 オプトイン
【 Opt-In 】

ユーザーが対象者に なることを選択すること

解説 オプトアウトとは逆に、当初はサービスやデータ活用などの対象者でなかったユーザーが、自ら許諾することにより対象者になること。例えば、「配信希望」にチェックした人にだけ配信するメルマガはオプトイン方式。GDPRでは、個人データを取得する場合はオプトイン方式が義務付けられているため、ユーザーからの許諾がなければユーザーデータの取得は不可。昨今、特に海外媒体社がサイト来訪者にポップアップを出し、Cookie取得に関するオプトインを求めているのはこのため。Optは「選択する」、Inは「中に入る」という意味。

オプトアウト

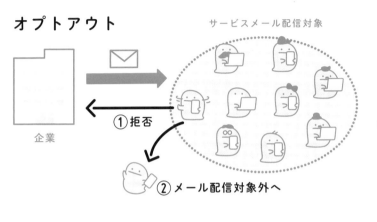

サービスメール配信対象

① 拒否

企業

② メール配信対象外へ

オプトイン

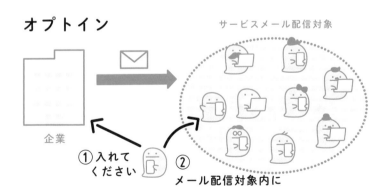

サービスメール配信対象

企業

① 入れて
ください

②

メール配信対象内に

オーディエンスデータの課題
ユーザーデータの分類

246 > **個人情報**
【 Personal Information 】

個人の識別が可能な
データ

解説 名前、生年月日、電話番号のように、生存する特定の個人を識別
できるデータのこと。第三者への提供にあたっては、あらかじめ本
人の同意を得る必要がある。

247 > **匿名加工情報**
【 Anonymously Processed Information 】

個人を識別できない
よう個人情報を加工
したデータ

解説 名前、生年月日、電話番号など特定の個人を識別できるデータを
削除し、さらにその個人情報が復元できないように情報加工が施
されたデータのこと。いくつかの属性情報を組み合わせても個人の
再特定ができないよう加工する必要がある。データの利活用を促
進する目的で法制化された。第三者への提供について本人の同意
を得る必要がない一方で、匿名加工情報を作成した企業はそのこ
とをホームページ上などで公表する義務があり、また提供を受けた
企業もほかの情報と照合してはいけない義務を課されているなど、
取扱いに注意が必要。

248 > **インフォマティブ
データ**
【 Informative Data 】

特定の個人が
識別できないデータ

解説 Cookie情報や統計情報などのように、特定の個人が識別できないとされ
るデータのこと。2015年施行の改正個人情報保護法では、法律上の取扱
いの義務はないが、プライバシー保護上の懸念が生じうる。そのためオプ
トアウトページの設置など、個人情報に準じた取扱いポリシーを公表・実
施している企業や組織が多い。

個人情報

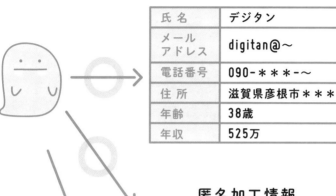

氏 名	デジタン
メール アドレス	digitan@〜
電話番号	090-＊＊＊-〜
住 所	滋賀県彦根市＊＊＊
年齢	38歳
年収	525万

匿名加工情報

氏 名	×
メール アドレス	×
電話番号	×
住 所	滋賀県
年齢	30代
年収	500万〜600万

インフォマティブデータ

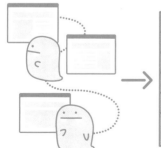

cookie ID	xyz
広告ID	abc
デモグラ	35〜40歳
興味関心1	映画好き
興味関心2	スポーツ好き
自社サイト 訪問回数	3回

5 SEO

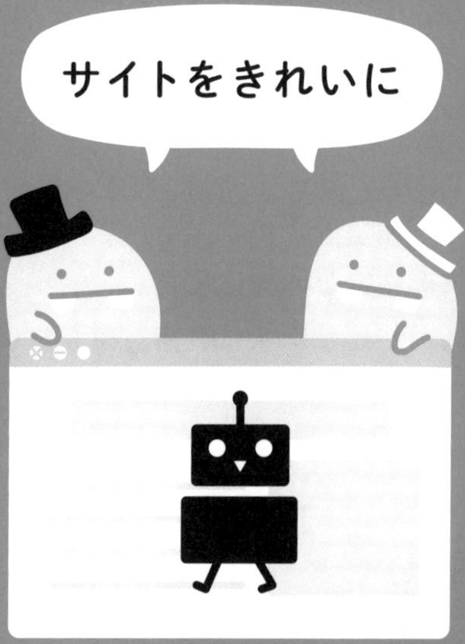
サイトをきれいに

外部対策重視から内部対策重視へ

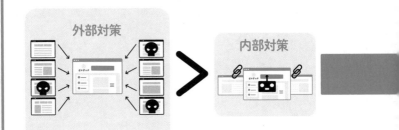

- 外部施策が非常に重要。
- ユーザビリティに直接貢献しない不正な手法が横行。

外部対策

内部対策

- ● コンテンツの充実を含めた内部施策がより重要に。
- ● Googleのアルゴリズム変更で、不正な手法には
  厳しいペナルティを課されるように。

サイト来訪者の数を最大化するためには、
広告以外の施策も重要。現代における検索
サービスの重要性を鑑みると、検索エンジ
ン対策は必須。内部対策と外部対策で重要
なことをそれぞれ押さえていこう！

SEO基礎用語

249 オーガニック検索
【 Organic Search 】

検索結果のうち、
広告以外の部分

解説 検索結果のうち、リスティング広告以外のリスト部分のこと。SEO
施策の対象となる部分。

[同義語] 自然検索

---

250 SEO
エスイーオー
【 Search Engine Optimization 】

検索エンジン最適化

解説 オーガニック検索の表示順位を高める取り組みのこと。日本では
GoogleとYahoo! Japanの検索サイトの人気が高いが、Yahoo!
JapanはGoogleの検索エンジンを利用しているため、SEOにおいて
はYahoo! Japanの独自性に留意しながらも、基本的にはGoogleの
検索エンジン対策が中心になる。

---

251 SEM
エスイーエム
【 Search Engine Marketing 】

検索エンジンを
利用して展開される
マーケティング手法

解説 検索を通して行われるマーケティング全体を指す。そのため、リス
ティング広告だけでなく、オーガニック検索対策であるSEOも含まれ
る点に注意。

広告以外の部分

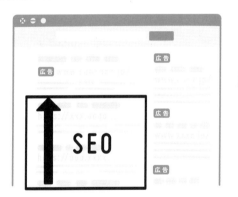

オーガニック検索
でより上位に！

検索結果
すべてを最適化

252 〉 クローリング
【 Crawling 】

様々なサイトを巡回し、
ページ情報を
インデックス化すること

解説 クローラーがサイトからサイトへ、リンクをたどって様々なサイトを巡回し、サイトやページ情報を収集しインデックス化すること。自社サイトのコンテンツの情報を正しくクローラーに伝え、適切にインデックス化されるようにすることは、重要なSEO施策の1つ。クローリングされなければ検索結果に表示されることはない。

253 〉 クローラー
【 Crawler 】

クローリングを
目的としたボット

解説 クローリングしているボットのことをクローラーという。サイト情報をより正確に理解してもらうためには、頻度高くクローラーにサイトを訪問してもらう必要がある。そのためには、そのサイトの更新性や重要性をクローラーに認識されることなどが必要。Googleのクローラーは「Googlebot」という名前。

254 〉 インデックス
【 Index 】

ページ情報が
データベースに
登録されること

解説 クローラーが集めてきた情報がGoogleなどの検索エンジンのデータベースに登録されること。サイト情報を精緻にインデックス化させるために、SEOの内部対策などが重要になってくる。インデックス化されなければ検索結果に表示されることはない。

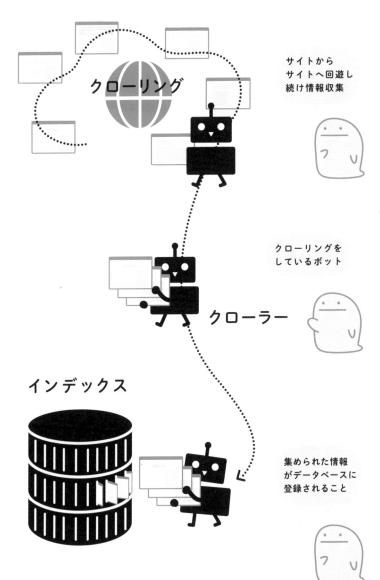

クローリング

サイトから
サイトへ回遊し
続け情報収集

クローリングを
しているボット

クローラー

インデックス

集められた情報
がデータベースに
登録されること

213

255 > **ホワイトハット**
SEO
エスイーオー
【 White-Hat SEO 】

**Googleのガイドライン
に則ったSEO対策**

解説 「Googleのウェブマスター向けガイドライン」に則ったSEO対策。このガイドラインは、ユーザビリティの向上をどれほど考慮してサイトが設計されているかに重きが置かれている。

256 > **ブラックハット**
SEO
エスイーオー
【 Black-Hat SEO 】

**Googleのガイドライン
に違反したSEO対策**

解説 検索エンジンのアルゴリズムの裏をかいて、作為的にサイトの検索順位を上げようとすることやその手法。クローラーにユーザーが見るものと異なる内容を見せることなどが当てはまる。これらはスパム行為と判定され、検索順位の大幅低下や、インデックスからの削除といったペナルティを課される可能性が非常に高くなる。

257 > **ペナルティ**
【 Penalty 】

**ガイドライン違反時に
課されるペナルティ**

解説 Googleガイドライン違反として検索結果から除外されたり、順位が大きく低下してしまうこと。Googleは「ペナルティ」という言葉は使わないが、一般的に(Google)ペナルティと呼ばれる。目視チェックによる「手動ペナルティ」と、検索エンジンのアルゴリズムで自動的に課される「自動ペナルティ」の2種類があるとされる。

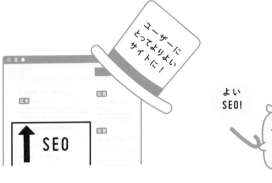

よい
SEO!

ダメな
SEO…

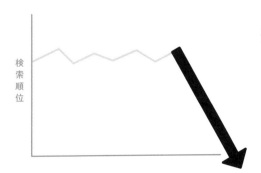

全然検索結果
に出なくなって
しまった…

258 被リンク
【 Backlink 】

リンクを受けていること

解説 自社サイトのページが別ページからリンクを張られていること。同一サイト内からのリンクと外部サイトからのリンクがあるが、「被リンク」と一言でいう場合、外部サイトからのリンクを指すことがほとんど。

259 内部リンク
【 Inbound Link 】

同一ドメインページ
からの被リンク

解説 自社サイト（同一ドメイン）のページ同士のリンクのこと。特定ページを起点に考えると、他ページから内部リンクを受ける場合（内部被リンク）と他ページへ内部リンクを設定する場合（内部発リンク）がある。

260 外部リンク
【 Outbound Link 】

別ドメインページから
の被リンク

解説 他社サイト（別ドメイン）と自社サイトのリンクのこと。他社ページから外部リンクを受ける場合（外部被リンク）と他社ページへ外部リンクを設定する場合（外部発リンク）がある。

被リンク

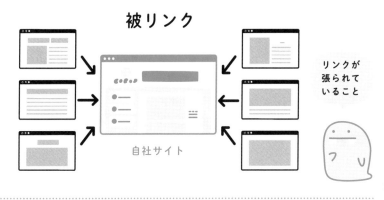

リンクが
張られて
いること

自社サイト

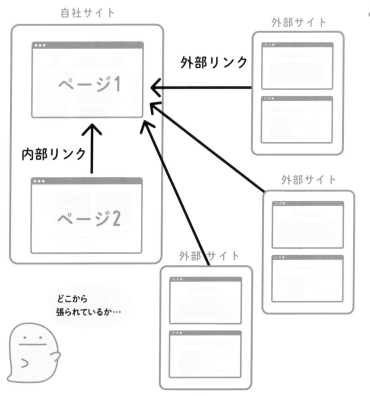

自社サイト

外部サイト

外部リンク

ページ1

内部リンク

ページ2

外部サイト

外部サイト

どこから
張られているか…

217

261 > # ドメイン
【 Domain 】

ウェブサイトの
インターネット上の住所

解説 「XXX.com（co.jp）」の「XXX」がドメインにあたる部分。

262 > # サブドメイン
【 Subdomain 】

1つのドメインを
分割するもの

解説 「YYY.XXX.com（co.jp）」の「YYY」がサブドメインにあたる部分。

263 > # サブディレクトリ
【 Subdirectory 】

あるディレクトリの
下の階層に作成された
ディレクトリ

解説 「XXX.com（co.jp）/ZZZ/」の「ZZZ」がサブディレクトリにあたる部分。サイト内の様々なカテゴリをサブドメインとして立てていくか、サブディレクトリとして切っていくかは、サイト構築を考える際のポイントの1つ。

digitan.com

ドメイン

abc.digitan.com

rabbit.digitan.com

www.digitan.com

サブドメイン

サブ

digitan.com/abc/

サブディレクトリ

サブ2

78 内部対策（タグ）

264 内部対策
【On-Page SEO】

サイト内部のSEO対策

解説 サイト内部の内容を改善することで、検索結果に好影響を与えることを狙った施策。コンテンツを充実させるだけなく、内部リンクを含めたサイト構造の設計から、各タグにおけるキーワード設定まで、サイト内の内容を検索エンジンにフィットするように最適化していく。[同義語] 内部SEO対策

---

265 titleタグ
タイトル
【 title Tag 】

**検索結果のタイトルを
設定するタグ**

解説 検索結果のリンク部分になっているタイトルを設定するタグ。タイトル文はページとの関連性が重要であり、またクリック率にも大きな影響を与えるため、適宜最適化していく必要がある。「<title>XXX</title>」の形式で、「XXX」の部分にタイトル文を記載する。

---

266 hタグ
エイチ
【 h Tag 】

**ページの見出しを
設定するタグ**

解説 ページ内において、見出しを設定するためのタグ。「<h1>XXX</h1>」の形式で、「XXX」に見出しを記載。hタグは1～6まである（すべて使う必要はない）。

---

267 alt属性
オルト
【 alt Tag 】

**画像の説明を
設定する属性**

解説 画像の内容をテキストで説明するための属性。画像がうまく表示されない場合は、代わりにこのテキストが表示される。また、通常検索だけでなく画像検索を含め、SEO対策としてalt属性の設定は重要。「」の形式で、「YYY」に画像の説明テキストを記載する。

ユーザーに
とってもよし

サイト内部

検索エンジンに
とってもよし

**サイト内の
構造を改善**

今更聞けない！デジタル
マーケティングの単語6選

デジタルマーケティングの
必須6キーワード！

?

1

**検索結果の
見出しを設定**

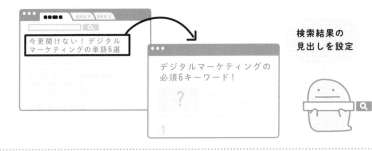

どんな指標が大事なのかを
見極めよう！

**ページ内の
見出しを設定**

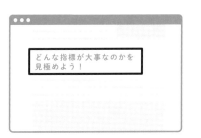

URL
キャプション
テキスト　泣いてるデジタン
説明

**画像の
説明を設定**

79 内部対策（タグ以外）

268 アンカーテキスト／ アンカータグ
【 Anchor Text / Anchor Tag 】

リンクが設定されて
いるテキスト／タグ

解説 リンクが設定されているテキストのことで、「リンクテキスト」といわれることも多い。テキストにリンク設定するためのタグは「アンカータグ」という。どちらも内部対策でよく利用されるが、内部リンクだけでなく外部リンクで利用することももちろん可能。「<a href="https://XXX">」の形式で、「XXX」にリンク先を記載する。

269 パンくずリスト
【 Breadcrumb List 】

サイトのどこにいる
のかを伝える階層リスト

解説 ページ上部に、サイトの階層構造をリンク形式で表しているもの。体系的にコンテンツが整理されていることを明示できるため、ユーザビリティが向上するだけでなく、クローラーに対して効果的にコンテンツ情報を伝えることができるため、SEO対策としても非常に有効。

270 AMP
アンプ
【 Accelerated Mobile Pages 】

モバイルページを
高速表示させる手法

解説 これまではページを表示する際、その都度ページを保有する企業のサーバとのやりとりが発生し、読み込みに時間がかかっていたが、AMP対応ページはあらかじめAMPキャッシュというCDNにデータを一時保存するため、その都度読み込みが発生せず、ページ表示が大幅に高速化された。

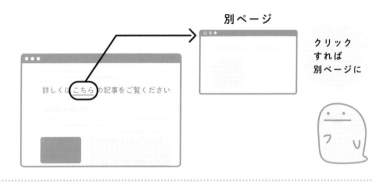

別ページ

クリック
すれば
別ページに

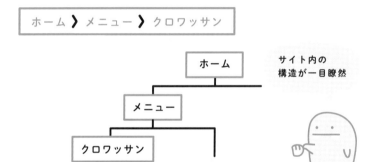

ホーム 〉 メニュー 〉 クロワッサン

サイト内の
構造が一目瞭然

ホーム

メニュー

クロワッサン

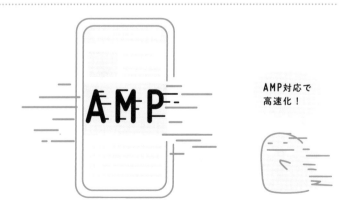

AMP

AMP対応で
高速化！

271 **外部対策**
【 Off-Page SEO 】

外部からの
被リンク対策

解説 外部からの被リンクを集めることで、検索結果に好影響を与えることを狙った施策。確かに被リンクは重要であるが、やみくもに集めると逆にペナルティを受けてしまう可能性が高くなる。そのため、リンク先サイトのクオリティや関連性の高さなどが非常に重要。**同義語：外部SEO対策**

272 **ナチュラルリンク**
【 Natural Link 】

良質で自然な
外部からの被リンク

解説 自然に張られた良質な外部からの被リンクのこと。質の低い不自然なスパムリンクではなく、いかにナチュラルリンクを獲得するかが、SEOの外部施策においては重要。

273 **スパムリンク**
【 Spam Link 】

悪質で不自然な
外部からの被リンク

解説 不自然に張られた悪質な外部からの被リンクのこと。スパムリンクはペナルティの原因に。

274 **ページランク**
【 Page Rank 】

被リンクの数と質を
評価するGoogleの
アルゴリズム

解説 各サイトやページの外部からの被リンクの状態を評価するための、Google検索エンジンの指標。2016年4月に廃止され、現在はページランクを確認することはできないが、良質なナチュラルリンクを獲得することは、依然としてSEOにおいて重要であるといわれている。

リンクを
集める！

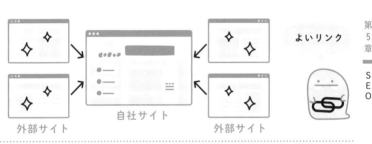

よいリンク

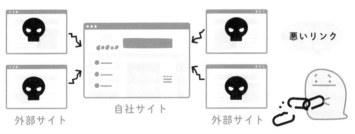

悪いリンク

被リンクを
点数化

6 ソリューション

認知・興味関心から購買後のマーケティングまで

潜在顧客

顕在
顧客

新規
顧客

リピート
顧客

優良顧客

C
R
M

S
F
A

M
A

デジタルマーケティング = 広告ではなく、むしろ広告以外の重要性が日に日に高まっているよ。どのような考え方やテクノロジーがあるか、単語とともに理解しよう！

81 マーケティング手法
カスタマージャーニー

---

275 ペルソナ
【 Persona 】

商品・サービスの
仮想のユーザー像

解説 ペルソナにターゲットとして最も重要な人物像を描き出し、その人物のインサイトを深掘りしていくことで、具体的なユーザー像をよりイメージしやすくする。

---

276 カスタマージャーニー
【 Customer Journey 】

1人のユーザーが商品
やサービスを認知して
から購買・推奨に至る
までの一連のプロセス

解説 顧客のペルソナを構築し、ペルソナの行動や思考の変遷を時間軸に沿って表したもの。自社商品・サービスとユーザーの各接点、利用意向の高まりのプロセスを「顧客の旅」にたとえて概念化する。商品やサービスの購入・推奨までを顧客視点のストーリーで描くことで、顧客を深く理解することができる。

---

277 カスタマージャーニーマップ
【 Customer Journey Map 】

カスタマージャーニー
を図示したもの

解説 顧客体験をカスタマージャーニーマップ化することで、顧客への理解を関係者間で一致させながら戦略立案することが可能になる。

ペルソナ

名前	デジ単 デジ夫
年齢	25
性別	男
学歴	○○大学卒業
仕事	広告業
価値観	新しい情報を常に知っておきたい。
家族構成	父、母、妹

**1人の
ユーザー像**

ストーリー

大学卒業後、広告代理店に入社。デジタル広告に触れる機会が増え
たが、デジタルの知識がなく、仕事がうまくいかなくなってきた。

カスタマージャーニーマップ

フェーズ	認 知	関 心	比較検討	行 動
接触ポイント	TV 新聞・雑誌	検索サイト キャンペーンサイト	SNS 口コミサイト	キャンペーンサイト
行 動	CMについて友人と話す 雑誌広告で見かける TVCM偶然見る	スマホで検索 キャンペーンサイトで詳細を調べる	SNSで評判を探す 口コミサイトで評判を探す	キャンペーンサイトで申し込む

**ペルソナで設定した
ユーザーの購買ストーリー**

278 One to One マーケティング
ワン トゥー ワン
【 One-to-One Marketing 】

顧客や見込み顧客1人1人に合わせて個別に展開するマーケティング手法

解説 パーソナライゼーションと同じような意味で、マスマーケティングの対義語。デジタル上で様々なデータの取得と利用ができるようになってきたため、より精緻なOne to Oneマーケティングが可能になってきている。

279 マス マーケティング
【 Mass Marketing 】

大きな市場全体に対して、画一的なアプローチをするマーケティング手法

解説 大きな市場全体に対して、マスメディアなどを通して画一的なアプローチをする手法。大量生産、大量販売、大量プロモーションを前提とし、TV、ラジオ、雑誌、新聞などのマスメディアを通して、標準化された商品やサービスを告知し、大量流通を狙う。

280 リテンション マーケティング
【 Retention Marketing 】

既存顧客との関係を維持するマーケティング活動

解説 一般的には、顧客を維持するよりも、新規顧客を獲得する方が大きなコストがかかるケースが多い。そのため、いかに既存顧客を維持するかは非常に重要な課題。

281 1:5の法則
イチタイゴ

新規顧客獲得には、既存顧客維持の5倍のコストがかかるという法則

解説 事業拡大のために新規顧客の獲得は必要であるが、低コストで利益につながる既存顧客維持はより重要であることをうたった法則。これを見出したフレデリック・F・ライクヘルドは、顧客離れを5%改善すれば、利益は25%改善されるという「5:25の法則」も見出している。

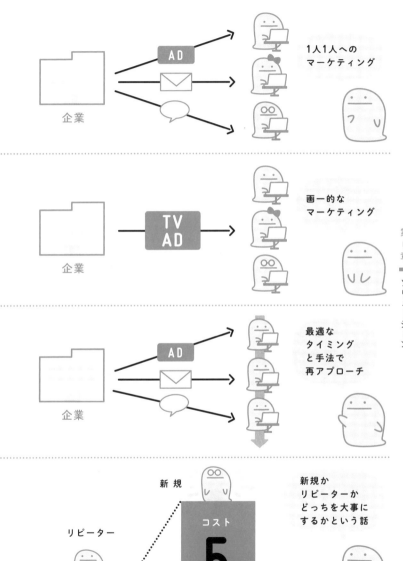

1人1人への
マーケティング

画一的な
マーケティング

最適な
タイミング
と手法で
再アプローチ

新規か
リピーターか
どっちを大事に
するかという話

新規

リピーター

コスト

5倍

282 > ## パーチェスファネル
【 Purchase Funnel 】

購入までの心理変容と見込み顧客数を逆三角形で図式化したもの

解説 認知から購入するまでの各フェーズと人数減少を逆三角形の形で図式化したもの。購入者数を最大化するために、各フェーズで離脱者をいかに最小化することができるかという点がこのモデルの要諦。パーチェスは「購入」、ファネルは「漏斗（ろうと）」という意味。

283 > ## インフルエンス
ファネル
【 Influence Funnel 】

購入後の行動と顧客数を三角形で図式化したもの

解説 購入前のユーザーの心理変容をまとめたパーチェスファネルとは逆で、購入後の顧客による情報拡散と顧客の広がりを三角形で図式化したもの。SNSの普及により購入後いかに拡散してもらうかが重要になり、購入後の広がりまで見据えたマーケティング活動が求められるようになっている。

284 > ## インフルエンサー
マーケティング
【 Influencer Marketing 】

インフルエンサーの影響力を活用したマーケティング

解説 人々の購買活動を左右するような影響力がある人々（インフルエンサー）の情報発信を通して、企業が自社の良質な口コミや波及効果を期待するマーケティング手法。ステルスマーケティング（ステマ）にならないよう、広告であることの明記など一定のルールに則って実施する必要がある。

285 > ## ダブルファネル
【 Double Funnel 】

パーチェスファネルとインフルエンスファネルを組み合わせたもの

解説 パーチェスファネルとインフルエンスファネルのどちらかだけではなく、両方を統合的に考えて効果を最大化させる必要があることをうたったモデル。刹那的なキャンペーン告知だけでなく、長い時間軸で考えたユーザーとのコミュニケーションがより求められている。［同義語］デュアルファネル

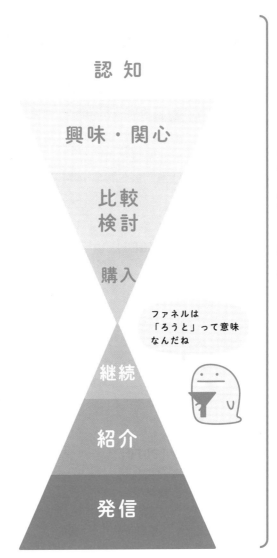

パーチェスファネル

ダブルファネル

インフルエンスファネル

認知

興味・関心

比較検討

購入

継続

紹介

発信

ファネルは「ろうと」って意味なんだね

286 アッパーファネル（TOFU）
【 Top of the Funnel 】

パーチェスファネルを
3分割した際の上部

解説 顧客となりうるユーザーに、まず認知や興味関心を持ってもらう
フェーズ。最も裾野広く訴求していくフェーズになる。

287 ミドルファネル（MOFU）
【 Middle of the Funnel 】

パーチェスファネルを
3分割した際の中部

解説 一定の認知や関心を持ち、購入のために比較検討しているであろ
うユーザーに優位性などをさらにアピールし、購入意向を持っても
らうフェーズ。

288 ローワーファネル（BOFU）
【 Bottom of the Funnel 】

パーチェスファネルを
3分割した際の下部

解説 購入意向が高いユーザーに、さらに適切なコミュニケーションを取
り、実際に購入してもらうフェーズ。数の限られた見込み顧客にい
かに高確率でコンバージョンしてもらうかがポイント。

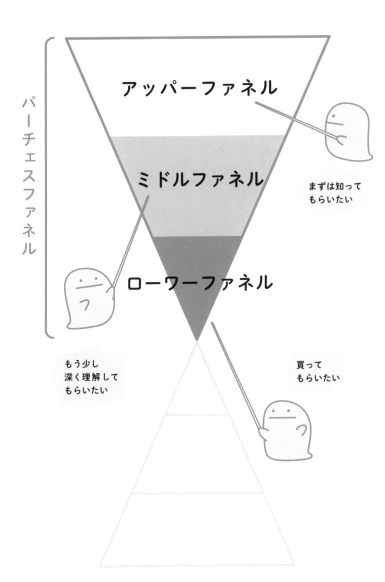

パーチェスファネル

アッパーファネル

まずは知って
もらいたい

ミドルファネル

ローワーファネル

もう少し
深く理解して
もらいたい

買って
もらいたい

289 > AIDMA（アイドマ）

「認知→興味→欲求→記憶→行動」の一連の行動モデル

解説 1920年に提唱された消費者行動モデル。A（Attension：認知・注意）、I（Interest：興味・関心）、D（Desire：欲求）、M（Memory：記憶）、A（Action：行動）の順に消費者心理や行動は推移していくというもの。

290 > AISAS（アイサス）

「認知→興味→検索→行動→共有」の一連の行動モデル

解説 1990年代に提唱された消費者行動モデル。A（Attension：認知・注意）、I（Interest：興味・関心）、S（Search：検索）、A（Action：行動）、S（Share：共有）。

291 > SIPS（シップス）

「共感→確認→参加→共有＆拡散」の一連の行動モデル

解説 2011年に提唱された消費者行動モデル。S（Sympathize：共感）、I（Identify：確認）、P（Participate：参加）、S（Share＆Spread：共有・拡散）。

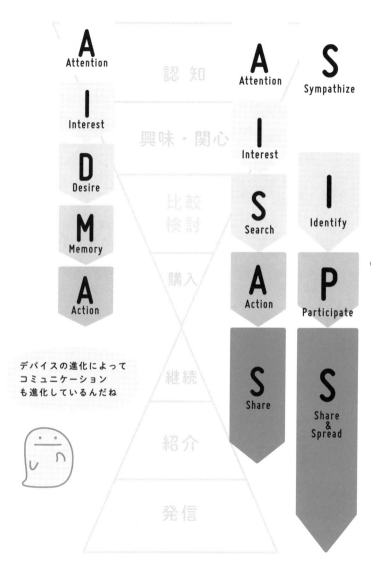

A		A	S
Attention	認知	**Attention**	**Sympathize**
Interest	興味・関心	**Interest**	
Desire	比較検討	**Search**	**Identify**
Memory		**Action**	**Participate**
Action	購入		
	継続	**Share**	**Share & Spread**
	紹介		
	発信		

デバイスの進化によって
コミュニケーション
も進化しているんだね

86 FMOTとSMOTとZMOT

エフモット
292 **FMOT**
【 First Moment of Truth 】

**購入判断は陳列商品を
見てわずか数秒で
なされているという理論**

解説 P&Gが2004年に提唱したメンタルモデル。「消費者は店頭の商品
陳列棚を見て、3〜7秒でどの商品を購入するか判断している」と
いうことを調査で明らかにし、この商品購入を判断する瞬間のこと
をFMOTと名付けた。店舗外の様々なプロモーションだけでなく、店
舗内におけるプロモーションの重要性を強くうたう理論。

エスモット
293 **SMOT**
【 Second Moment of Truth 】

**継続購入の判断は
商品体験で得られた
顧客満足で決まる
という理論**

解説 FMOTと合わせてP&Gが2004年に提唱したメンタルモデルで、商品を今後
も継続的に利用するかどうかを判断する瞬間のこと。継続利用のために顧
客の満足度を高めることの重要性を強調する理論。高品質な商品提供だけ
ではなく、適切なアフターケアなどが重要とされる。次回購入時のクーポン
の配布もSMOTの具体的な施策。

ズィーモット
294 **ZMOT**
【 Zero Moment of Truth 】

**購入判断は来店前の
下調べの段階で
すでになされている
という理論**

解説 Googleが2011年に提唱したモデルで、店内の陳列棚の前で購入
判断がなされるというFMOTとは異なり、来店前の下調べの段階で
購入判断は済んでいるという理論。この購入判断がなされる瞬間
をZMOTと名付け、来店前にインターネットで適切な情報を伝えるこ
との重要性、特にSEMの重要性を強くうたっている。

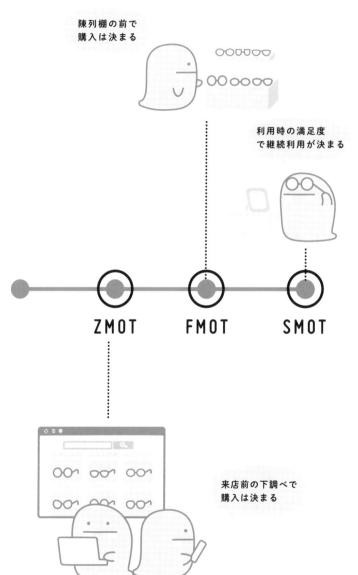

陳列棚の前で
購入は決まる

利用時の満足度
で継続利用が決まる

ZMOT FMOT SMOT

来店前の下調べで
購入は決まる

87 顧客／見込み顧客
顧客と見込み顧客

295 **顧客**
【 Customer 】

すでに取引のある客

解説 顧客は、ステータスによって、優良顧客、リピート顧客、新規顧客、休眠顧客などにさらに分類される。

296 **優良顧客**
【 Loyal Customer 】

顧客の中でも優良な客

解説 売上・利益の大きい顧客や、来店・来訪回数の多い顧客のこと。何をもって優良かの画一的な基準はなく、各社がそれぞれ設定。

[同義語] ロイヤルカスタマー

297 **見込み顧客**
【 Prospective Customer 】

まだ取引はないが、顧客となる見込みがある客

解説 見込み顧客は、興味関心の顕在度合いによって、さらに顕在顧客と潜在顧客などに分類される。また実務においては、潜在顧客は含めず、会員登録やメルマガ登録などのように購買に非常に近い客のみを見込み顧客と呼ぶ場合も多い。

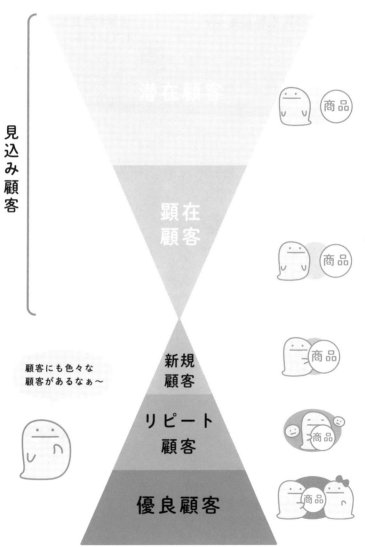

見込み顧客

潜在顧客

顕在顧客

顧客にも色々な
顧客があるなぁ〜

新規顧客

リピート顧客

優良顧客

商品

商品

商品

商品

商品

87 顧客と見込み顧客

298〉 **顕在顧客**
【 Actualized Customer 】

見込み顧客の中で、
興味が顕在化
している客

解説 商品やサービスをすでに認知しており、興味関心が顕在化している顧客のこと。どの程度興味が顕在化していれば顕在顧客なのかについての明確なルールはない。サイト訪問を基準にすることもあれば、会員登録やメルマガ登録などのように購買により近いポイントを基準にすることもある。

299〉 **潜在顧客**
【 Potential Customer 】

見込み顧客の中で、
まだサービスを
知らない／興味が
顕在化していない客

解説 見込み顧客と対比され別概念とされるケースもあるが、「興味が潜在しているということは、今後興味が顕在化する見込みがある」ということをマーケティングの前提にするため、基本的には見込み顧客に分類される。

300〉 **リード**
【 Lead 】

見込み顧客と同義

解説 見込み顧客の別の言い方。近年は見込み顧客よりもリードの方が使用頻度が高まる傾向にある。

[同義語] セールスリード

潜在顧客

顕在顧客

見込み顧客（リード）

将来顧客になる
見込みのある人々

新規顧客

リピート顧客

優良顧客

商品

商品

商品

商品

商品

| 301 > | リード
ジェネレーション
【 Lead Generation 】 | 見込み顧客を獲得する
ための活動 |

解説 商品・サービスに関心を示した見込み顧客の、メールアドレスなどの個人情報を獲得すること。インターネット上での資料請求や体験申し込み時の個人情報記入や、リアルな場での名刺交換、セミナー参加申し込みなどが具体例。Generation は「生成、創出」という意味。

| 302 > | リードソース
【 Lead Source 】 | 見込み顧客の
獲得方法・獲得元 |

解説 インターネット経由、電話経由、紹介などの獲得方法や獲得元のこと。どのリードソースかを分析することで、次の打ち手がより効果的に。Source は「元、源」という意味。

| 303 > | リードナーチャ
リング
【 Lead Nurturing 】 | 見込み顧客を顧客へと
育成する活動 |

解説 獲得した見込み顧客に対し、メール、パンフレット送付、セミナー案内などのコミュニケーションを継続的に取り続けることで、商品・サービスの購買意向を高めていくこと。Nurturing は「育成すること」という意味。

| 304 > | リードクオリフィ
ケーション
【 Lead Qualification 】 | 顧客になる可能性の
高い見込み顧客を
選別すること |

解説 顧客になる確度の高い見込み顧客を選別することで、より効率的で効果的な営業アプローチが可能になる。リードナーチャリングの一端で特に重要な部分。Qualification は「資格、制限を加えること」という意味。

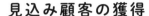

リードジェネレーション

↓

見込み顧客の獲得

リードナーチャリング

↓

見込み顧客の育成

見込み顧客を
顧客にしていく
手法だね

リードクオリフィケーション

↓

見込み顧客の選別

新規顧客

リピート顧客

優良顧客

89 顧客／見込み顧客
B2CとB2BとB2B2C

305〉 **B2C** (BtoC)
ビートゥーシー
【 Business to Consumer 】

企業が一般消費者に対して行う取引

解説 一般消費者が取引の対象となるため、B2Bと比べると顧客数は多くなるが受注単価は低くなる。そのため、いかに顧客数を増やすことができるか、いかに多くの商品・サービスを一緒に購入してもらうかが重要になる。

306〉 **B2B** (BtoB)
ビートゥービー
【 Business to Business 】

企業が別の企業に対して行う取引

解説 個人より資本が大きい企業が取引の対象となるため、B2Cと比べると顧客数は少なくなるが受注単価は高く、一度信頼を獲得すると安定的に売上を獲得しやすいことなどが特徴。

307〉 **B2B2C** (BtoBtoC)
ビートゥービートゥーシー
【 Business to Business to Consumer 】

企業と一般消費者の取引を仲介する事業

解説 企業と一般消費者の間に、別の企業が入ってビジネスを仲介する取引形態で、特に真ん中のB（企業）の仲介ビジネスモデルを指す。Amazonや楽天、ZOZOTOWNのように、売りたい企業と買いたい個人をつなぐプラットフォーム事業はB2B2Cの具体例。インターネットビジネスに限らず、コンビニや量販店などもB2B2Cに含まれる。

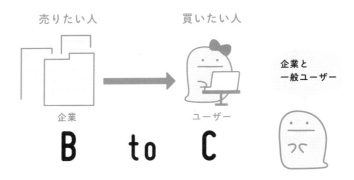

売りたい人 買いたい人

企業 ユーザー

B to C

企業と
一般ユーザー

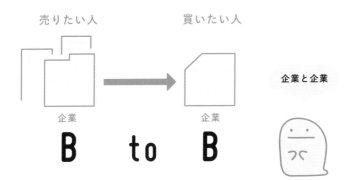

売りたい人 買いたい人

企業 企業

B to B

企業と企業

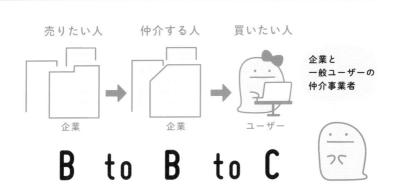

売りたい人 仲介する人 買いたい人

企業 企業 ユーザー

B to B to C

企業と
一般ユーザーの
仲介事業者

90 C2CとD2C

308 C2C(CtoC)
シートゥーシー
【 Consumer to Consumer 】

一般消費者同士で
行われる取引

解説 メルカリやヤフオク!のように、一般消費者が別の一般消費者に対して行う個人間の取引のこと。最近では民泊のAirbnbや、カーシェアリングのAnycaなど、様々な分野でC2Cビジネスが存在感を高めている。

[代表例]メルカリ、ヤフオク!、Airbnb、Anyca

309 D2C(DTC)
ディートゥーシー
【 Direct to Consumer 】

消費者に商品を
直接販売する仕組み

解説 自ら企画・製造した商品を、自社のECサイトで直接消費者に販売するビジネスモデルのこと。製造業者や小売事業者の介在がないため、コスト削減とさらなる付加価値提供が可能になるモデルとして注目されている。B2B、B2C、C2Cのように、誰から誰にビジネスするのかを表したものではない点に注意。

売りたい人 買いたい人

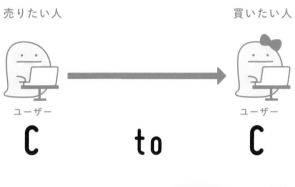

ユーザー ユーザー

C to C

一般ユーザー
から
一般ユーザー

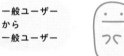

売りたい人 買いたい人

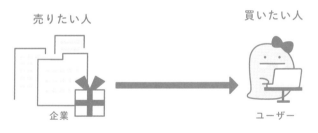

企業 ユーザー

Direct to C

消費者に
直接販売

91 チャーンレート

310 チャーンレート
【 Churn Rate 】

解約率または期間中の解約ユーザー数÷期初の全ユーザー数（％）

解説 解約率のこと。期間前のユーザー数で割るのは、当月の新規ユーザー数を加味せず、シンプルに解約にフォーカスするため。「月間の解約ユーザー数÷期初の全ユーザー数」のように各月の解約率を把握するために利用されるケースが多い。特にサブスクリプション型ビジネスで、KPIの1つとして利用されるケースが増えてきている。

311 カスタマー チャーンレート
【 Customer Churn Rate 】

チャーンレートと同義

解説 通常はチャーンレートというとカスタマーチャーンレートを指す。

312 レベニュー チャーンレート
【 Monthly Recurring Revenue 】

収益ベースの解約率または（サービス単価×期間中の解約ユーザー数）÷期間中の総収益

解説 解約が収益に対してどれだけインパクトがあるのかを把握するための指標。カスタマーチャーンレートと違い、解約期間と収益の期間が同一である点に注意。

［同義語］MRRチャーンレート

問題！

①

2020年1月1日のユーザー数が10万人、
2020年1月中に解約したユーザー数は
1万人の場合、カスタマーチャーン
レートは？

答え ＿＿＿＿＿＿＿＿＿ ％

②

月額500円の月額サービスにおいて、
2020年1月に解約したユーザー数は
1万人、2020年1月の総収入が
5,000万円の場合のレベニュー
チャーンレートは？

答え ＿＿＿＿＿＿＿＿＿ ％

解約
しないで…

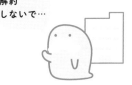

問題の答え ① = 10%、② = 10%

第6章 ソリューション

92 顧客分析の代表的な手法

313 パレートの法則
【 Pareto Principle 】

2割の優良顧客によって
売上の8割がもたらされて
いるという法則

解説 一部の優良顧客よって大部分の売上がもたらされているケースは実際に非常に多く、パレートの法則は、安定的にビジネスを成長させるためには新規顧客ばかり追い求めるのではなく、特に優良顧客を大切にする必要性が高いことを教えてくれる。当初は所得分布についての法則であったが、現在はマーケティング領域含め様々な分野で活用されている。

314 デシル分析
【 Decile Analysis 】

顧客を売上順に10等分
して行う分析手法

解説 上位の顧客がどのくらいの売上を占めているのかを分析する手法。顧客を売上順に10等分し、優良顧客の傾向を可視化し分析することで、どの層の顧客までを、どのくらい重点的にマーケティングすべきか決定していく。Decileはラテン語で「10分の1」という意味。

顧 客　　　　　売上高

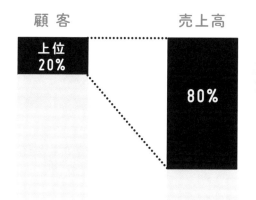

上位20%の顧客
で売上の80%が
もたらされて
いるという法則

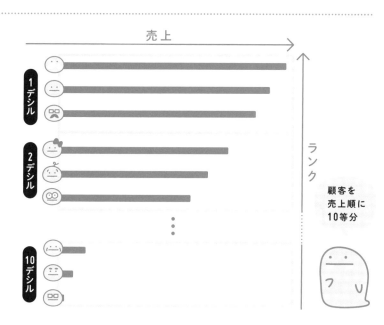

売上

ランク

顧客を
売上順に
10等分

93 RFM分析と定量・定性データ

315 RFM分析
アールエフエム
【 RFM Analysis 】

直近性、頻度、購入金額の3指標で顧客をランク付けする分析手法

解説 RFM は Recency（直近性）、Frequency（頻度）、Monetary（購入金額）のこと。この3軸で分析するため、購買金額のみで分析するデシル分析よりも、より正確に顧客を把握することが可能。

316 顧客離反分析
【 Customer Defection Analysis 】

解約や離反しそうな顧客層の分析

解説 離反分析によって離反しそうな顧客の傾向を把握しておくことで、適切な離反回避策を講じることができる。

317 定量データ
【 Quantitative Data 】

数値化できるデータ

解説 数値によって表すことができるデータのこと。売上や利益の金額、広告のインプレッション数やクリック数などは定量データ。アンケートにおいても、二者択一形式などは数値でまとめることができるので定量データになる。

318 定性データ
【 Qualitative Data 】

数値化できないデータ

解説 数値によって表すことができず、文章などで表現されるデータのこと。自由回答形式のアンケートやグループインタビューなどは定性データ。

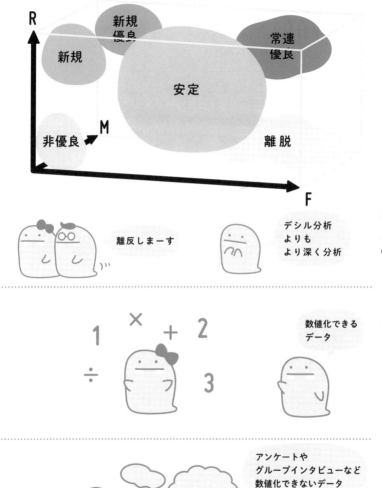

R

新規
優良

新規

安定

常連
優良

M

非優良

離脱

F

離反しまーす

デシル分析
よりも
より深く分析

1 × + 2
÷ 3

数値化できる
データ

アンケートや
グループインタビューなど
数値化できないデータ

94 ソーシャルリスニング

319 **VOC**
ブイオーシー
【 Voice Of Customer 】

顧客の声

解説 顧客満足（CS）の向上のために収集された顧客の声のこと。アンケートやコールセンターが主要な収集方法であるが、最近ではソーシャルリスニングによって収集するケースが増えてきている。

320 **ソーシャルリスニング**
【 Social Listening 】

SNS上のユーザーの声を分析すること

解説 VOCを把握する手法の1つで、SNS上のユーザーの声を収集・分析すること。ソーシャルリスニングを通じて、自社ブランドなどに対する評判を可視化したり、業界トレンドを把握したりすることで、より的確なマーケティング戦略が立案しやすくなる。

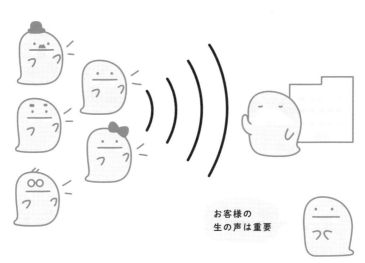

お客様の
生の声は重要

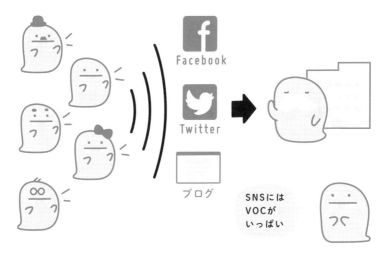

Facebook

Twitter

ブログ

SNSには
VOCが
いっぱい

95 CRM

321 CRM

シーアールエム

【 Customer Relationship Management 】

顧客関係管理

解説 長期的な関係構築を目的として、顧客の情報を管理・分析し、適切なコミュニケーションを取っていくための手法。CSと顧客ロイヤルティをいかに向上し、取引を継続的なものにしていくかという課題を、CRMツールなどを利用して解決していく。

[代表例] Salesforce Marketing Cloud

322 顧客満足 (CS)

【 Customer Satisfaction 】

顧客が商品・サービスに対して感じる満足

解説 顧客が満足し、その満足を継続させることがCRMの出発点であるため、CRMにとって非常に重要なキーワード。

323 顧客ロイヤルティ

【 Customer Loyalty 】

顧客からの強い信頼や深い愛着

解説 顧客満足 (CS) を積み重ねることで、その企業やブランド、商品・サービスに対して、顧客から強い愛着や深い信頼を獲得すること。企業に対する信頼や愛着の大きさを「ロイヤルティが高い(低い)」などと表現することが多い。Loyaltyとは「忠誠心」という意味。

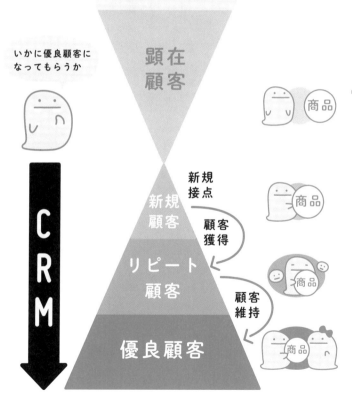

潜在顧客

いかに優良顧客に
なってもらうか

顕在
顧客

新規
接点

新規
顧客

顧客
獲得

C
R
M

リピート
顧客

顧客
維持

優良顧客

96

MA

324 〉 **MA**
エムエー
【 Marketing Automation 】

> 顧客や見込み顧客に
> 対するマーケティング
> 活動の自動化

解説 顧客や見込み顧客1人1人の行動・興味関心に応じたコミュニケーションを実現するツール。事前に設定したシナリオにもとづいて、自動的にセグメント分けやスコアリングをし、それに沿って適切な情報を適切なタイミングで自動的に提供することで、精緻なOne to Oneマーケティングが可能になる。顧客だけでなく、見込み顧客までを対象にし、リードジェネレーション、リードナーチャリング、リードクオリフィケーションまで含めて自動的に最適化する。

［代表例］Salesforce Marketing Cloud、Oracle Marketing Cloud、Adobe Marketing Cloud、Marketo

325 〉 **リードスコア
リング**
【 Lead Scoring 】

> 顧客や
> 見込み顧客を
> 点数化すること

解説 MAツールの重要機能の1つで、購買見込みを基準に顧客や見込み顧客を点数化すること。「あるページを見たら2点」「アプリをダウンロードしたら5点」などの行動評価と、「年収1,000万円以上なら3点」などの属性評価を組み合わせながらスコアリングすること。スコアリングすることで、コミュニケーションの取り方や頻度などを最適化しやすくなる。

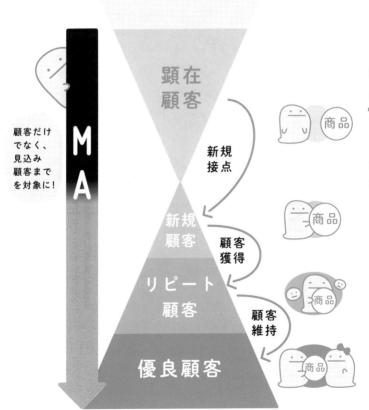

潜在顧客

顕在顧客

新規接点

顧客だけでなく、見込み顧客までを対象に！

MA

新規顧客

顧客獲得

リピート顧客

顧客維持

優良顧客

97
SFA

326 > エスエフエー
SFA
【 Sales Force Automation 】

営業活動を
効率化するシステム

解説 営業活動において、見込み顧客と案件の管理をするためのシステム。属人的な案件管理では、個人の営業能力に依存し、最適なアプローチができず機会損失が発生しうる。そこでSFAを導入して売上や受注数を一元管理し、営業の進捗状況や商談内容なども可視化することで、チーム全体での営業活動の効率性や受注確率向上を図る企業が増えてきている。日本語では「営業支援システム」。

[代表例] Sales Cloud

---

327 > **パイプライン
管理**
【 Pipeline Management 】

営業の各プロセスを
可視化し分析する手法

解説 「初回コンタクト」から「受注」までの各ステージを設定・定義し、各ステージの状況や次のステージへの通過率を可視化・分析しながらボトルネックなどを把握し、効果的な改善点を打つこと。パイプライン管理にはSFAなどのツールが利用されるケースが多い。

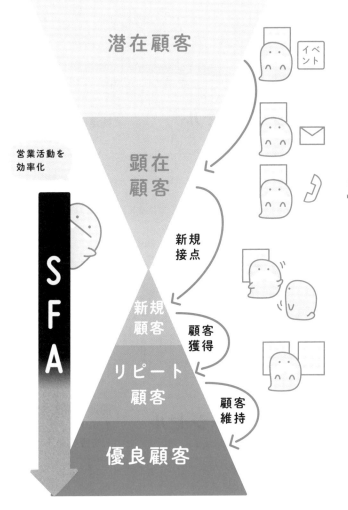

潜在顧客

営業活動を
効率化

顕在
顧客

新規
接点

SFA

新規
顧客

顧客
獲得

リピート
顧客

顧客
維持

優良顧客

イベント

98 セールス手法

328 アップセル
【 Upselling 】

より高額な商品を勧める手法

解説 商品単価を上げるため、商品を検討中の顧客に対して、より高額な商品を勧める営業手法。クレジットカード会社が一般カードからゴールドカードへのアップグレードを提案することなどが具体例。

329 クロスセル
【 Cross-selling 】

関連商品を勧める手法

解説 購入される商品数を増やすため、検討中の顧客に対して、別の商品・サービスもあわせて購入するよう勧める営業手法。関連商品の購入を促すために、割引や送料無料などの具体的なメリットが提示されることも多い。Amazonや楽天などの商品レコメンドなどが具体例。

330 ダウンセル
【 Down-selling 】

より低額な商品を勧める手法

解説 売上ゼロになるのを避けるため、購入に積極的ではない顧客に、予算感に合った商品を提示する営業手法。

331 パッケージセル
【 Package-selling 】

関連商品まで含めて1つのパッケージ商品として販売する手法

解説 顧客単価向上のため、関連する商品をセットにしたパッケージ商品を作り販売する営業手法。クロスセルはあくまでも別々の商品としてセールスするが、パッケージセルは複数の商品を1つの商品とする点が異なる。マクドナルドのバリューセットはその一例。

アップセル

ゴールドカード
いかが？

アップセル

＋100円で㊥に
できます

クロスセル

ギョーザもセット
でどうですか？

パソコンください　　　新型いかがでしょう

高いなー

買います！

旧型ですが、スペックの
高いこのPCいかがでしょう

ダウンセル

ラーメン、チャーハン、
ギョーザをください

1,500円です

パッケージセル

ラーメン、チャーハン、
ギョーザセットの
ラーメン定食で1,200円です

第
6
章

ソリューション

99 チャネルとタッチポイント

---

332 > ## チャネル
【 Channel 】

**インテラクションが
起こる場所**

解説 ユーザーとのインテラクションが起こるところをチャネルという。
TVCM、ECサイト、SNS、インターネット広告・メルマガ、DMなど
の一般的な媒体だけではなく、実店舗やイベントなどのリアルな場
所も含まれる。

---

333 > ## タッチポイント
【 Touch Point 】

**ユーザーが態度変容
しうるインテラクション**

解説 ブランドやプロダクトに対するユーザーの心象・態度を変容させうるイン
テラクションやそのポイントのこと。タッチポイントを設計する際は、単純
にチャネル設計するだけではなく、ユーザーの心理・態度変容を誘うよう
なコミュニケーション戦略が重要。[**同義語**] コンタクトポイント

ディーエム
334 > ## DM
【 Direct Mail 】

**広告物を
郵送で配布する
広告手法**

解説 個人や法人に対して、郵便やメール便で商品の案内ハガキやカタ
ログなどの広告物を直接送付する広告手法。

---

335 > ## メルマガ
【 E-mail Newsletter 】

メールマガジン

解説 メルマガの購読者に対して、企業や個人などがEメールで定期的
に情報を配信する広告手法。Mail（メール）とMagazine（雑誌）を
組み合わせた和製英語。

顧客とのいろんな
接点だね

チャネル チャネル チャネル チャネル

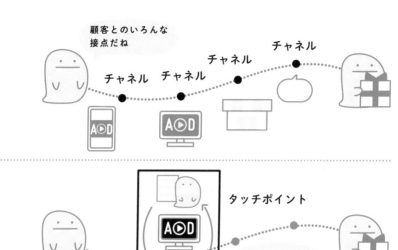

タッチポイント

チャネルでどういう
コミュニケーション
を取るか

郵便で届く
広告

メールでよく
送られてくるね

デジ単通信 ★ 第1号
～お得な情報盛りだくさん♪～

■□■□■■メルマガ■□■□■■

デジ単通信
★ 第1号 ★

～お得な情報
盛りだくさん♪～

↓ ↓ ↓ ↓ ↓ ↓

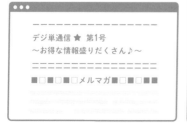

100 チャネル
トリプルメディア

---

336 **トリプルメディア**
【 Triple Media 】

ペイドメディア、
アーンドメディア、
オウンドメディア

解説 企業がプロモーション時に利用する媒体を、ペイドメディア、アーンドメディア、オウンドメディアの3つに分類したもの。

---

337 **ペイドメディア**
【 Paid Media 】

料金を支払って
利用する媒体

解説 広告媒体のこと。TVCMやインターネット広告、タイアップ広告のように、企業が費用を支払って広告掲載する媒体のこと。Paid Mediaは「（お金が）支払われた媒体」という意味。Payは「支払う」という意味。

---

338 **アーンドメディア**
【 Earned Media 】

信頼や評判を獲得する
ための媒体

解説 ブログやSNSのように、口コミなどを通じて自社ブランドや商品・サービスの信頼や評判を得る媒体のこと。Earned Mediaは、「（信頼・評判が）得られる媒体」という意味。Earnは「得る、獲得する」という意味。

---

339 **オウンドメディア**
【 Owned Media 】

企業が自ら所有する
媒体

解説 自社サイトやメルマガ、DM、自社発行のパンフレット、店舗や販売員など、企業や組織自らが所有し、消費者に向けて発信する媒体のこと。Owned Mediaは「（自社に）所有されている媒体」という意味。Ownは「所有する」という意味。

トリプルメディア

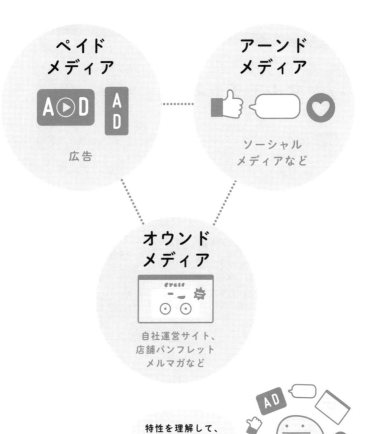

ペイド
メディア

広告

アーンド
メディア

ソーシャル
メディアなど

オウンド
メディア

自社運営サイト、
店舗パンフレット
メルマガなど

特性を理解して、
様々な媒体を
駆使するのである

101 チャネル
オムニチャネル

340 > シングルチャネル
【 Single-Channel 】

> チャネルが1つだけ

解説 企業と顧客をつなぐ接点が、実店舗やECサイトなどのどれか1つのチャネルだけであること。Single は「1つの」という意味。

---

341 > マルチチャネル
【 Multi-Channel 】

> チャネルが複数

解説 企業と顧客をつなぐ接点が、実店舗とECサイトなど複数チャネル存在すること。Multi は「多くの」という意味。

---

342 > クロスチャネル
【 Cross-Channel 】

> チャネルが複数かつ
> 在庫情報を統合管理

解説 マルチチャネルのようにチャネルが複数あるだけでなく、複数チャネルの在庫情報を統合管理していること。Cross は「交差する」という意味。

---

343 > オムニチャネル
【 Omni-Channel 】

> チャネルが複数かつ
> 顧客情報・在庫情報を
> 統合管理

解説 クロスチャネルのように複数チャネルを持ち在庫を統合管理するだけでなく、ユーザー情報も統合管理していること。さらに、ユーザーがチャネルの違いやストレスを感じることなく、ユーザー1人1人に一貫性のある最適なソリューションを提供することも含意。Omni は「すべての」という意味。

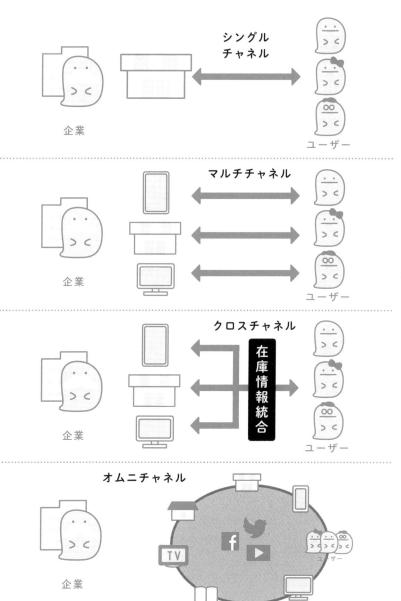

シングル
チャネル

企業

ユーザー

マルチチャネル

企業

ユーザー

クロスチャネル

在庫情報統合

企業

ユーザー

オムニチャネル

企業

TV

f

ユーザー

オーツーオー
344 > **O2O**
【 Online to Offline 】

**オンライン施策で
オフラインへ
送客すること**

解説 オンラインで割引クーポンなどを発行し、実店舗などへの誘導や商品購買を促進するような施策。オンラインが起点になっているため、マーケティング施策の効果測定が容易であることがポイント。

オーエムオー
345 > **OMO**
【 Online Merges (with) Offline 】

**デジタルオーバー
ラッピング**

解説 オンラインがオフラインを併合し、すべてがデジタルになった世界を表現した言葉。様々なものがデータ化されていくだけでなく、それらのデータは個人のIDと結び付き、日々UX向上やコンテンツ改善のために利活用されていく。

346 > **データドリブン**
【 Data Driven 】

**データ起点で
意思決定していくこと**

解説 取得したデータを統合的に分析し、次の打ち手を考え、様々な意思決定をしていくこと。多様化し、爆発的な増加を続けるデータをいかに即時性を高く収集・分析し、次の打ち手に生かしていくかということがますます重要になってくる。「データドリブンマーケティング」「データドリブン経営」などは頻出語。

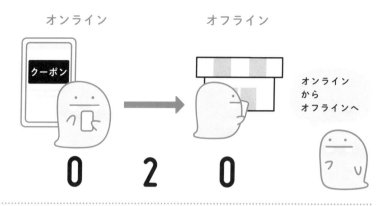

オンライン　　　　　　　オフライン

クーポン

オンライン
から
オフラインへ

O2O

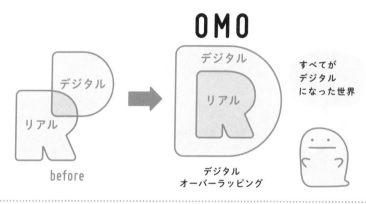

OMO

デジタル

リアル

before

デジタル
オーバーラッピング

すべてが
デジタル
になった世界

第6章 ソリューション

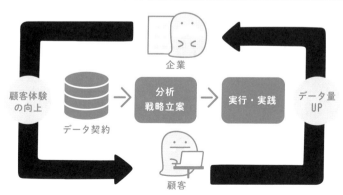

顧客体験
の向上

データ契約

分析
戦略立案

実行・実践

データ量
UP

企業

顧客

347 > **UI**
【 User Interface 】
ユーアイ

ユーザーの目に
触れる外観

> **解説** ユーザーの目に触れる外観すべてを指す。ウェブサイトであればデザイン、フォント、ボタン、アプリのアイコンなど。商品であればその商品の外観など。

348 > **UX**
【 User Experience 】
ユーエックス

ユーザーの
体験と感想

> **解説** サービスを利用した際のユーザーの感想を指す。「デザインがいい」「サイト構成がわかりやすい」「問い合わせフォームがわかりにくい」「商品の梱包がきれいだった」などはすべてUXの具体例。よいUXには、よいUIが不可欠であり、実務においてはUXを高めるためにまずUIを改善することも多い。

349 > **ユーザビリティ**
【 Usability 】

使いやすさ

> **解説** ユーザビリティを向上させるためには、ターゲットユーザーをしっかり特定し、そのターゲットに合ったUI・UXの設計をしていく必要がある。

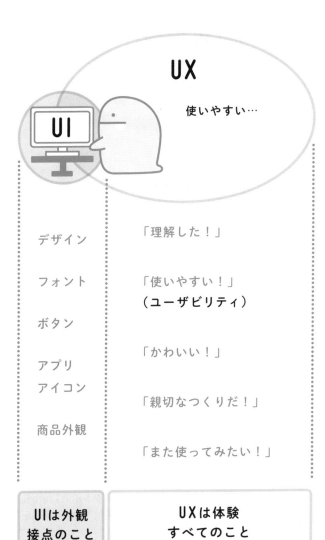

UX

UI

使いやすい…

UI	UX
デザイン	「理解した！」
フォント	「使いやすい！」 （ユーザビリティ）
ボタン	
アプリ アイコン	「かわいい！」
	「親切なつくりだ！」
商品外観	「また使ってみたい！」

UIは外観
接点のこと

UXは体験
すべてのこと

第6章 ソリューション

104 位置情報のデータソース

350 GPSの位置情報
ジービーエス
【 Global Positioning System 】

人工衛星の電波を
受けて緯度・経度情報
を測位

解説 **よい点**：最も広く普及している方法かつ高精度。
悪い点：緯度・経度のみで、高度の取得は基本的に不可。地下では電波が届かないことも。

351 Wi-Fiの位置情報
ワイ ファイ
【 Wireless Fidelity 】

Wi-Fiの電波を受けて
地点情報を把握

解説 **よい点**：Wi-Fiの強弱を調整することで、測位精度の調整が可能。
悪い点：データ取得できるのがWi-Fiの設置場所だけ。

352 IPアドレスの位置情報
アイピー
【 Internet Protocol Address 】

基地局ごとに割り当て
られるIPアドレスで
位置情報を把握

解説 **よい点**：データ通信ができれば情報取得が可能であるため、データ取得できるユーザー数は最も多い。
悪い点：位置情報の精度が低く粒度も粗い。

353 ビーコンの位置情報
【 Beacon 】

ビーコン端末から
発するBluetooth信号を
受けて地点情報を把握

解説 **よい点**：ビーコン端末さえ置ければ、スマートフォンなどの位置情報を数センチ単位で捕捉可能。店舗内回遊分析などにも利用される。
悪い点：ビーコン端末を購入し設置する必要があり、ユーザー側でも対象アプリをダウンロードしてBluetoothをオンにしていなければ測定できない。

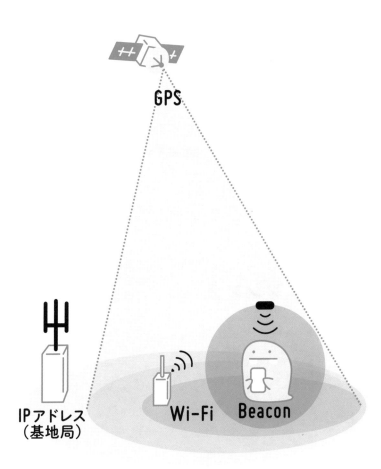

GPS

Wi-Fi　Beacon

IPアドレス
（基地局）

第6章　ソリューション

いろんな方法で
位置情報を取得

279

105 地点指定手法

354 POI
ピーオーアイ
【 Point Of Interest 】

地点名

解説 地図上の特定の地点の地点名のこと。施設名や店舗名などが具体例。

355 ジオフェンシング
【 Geo-Fencing 】

特定地点の周りに
仮想的な柵を
構築する仕組み

解説 仮想的な柵（範囲）を設定し、ユーザーがそのエリア内に入ってきたタイミングでクーポンを出す、といったことを可能にする仕組み。柵は基本的に円状で設定される。

356 ポリゴン
【 Polygon 】

多角形で境界線を
描いた地理データ

解説 エリアは従来、都道府県名や都市名、ジオフェンスで指定されることが多かったが、ポリゴン処理技術により、対象エリアを多角形状でより厳密に設定することが可能になった。

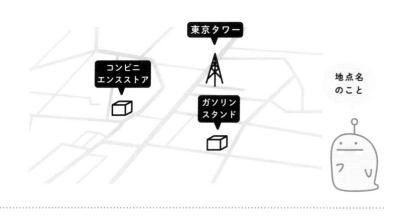

コンビニ
エンスストア

東京タワー

ガソリン
スタンド

地点名
のこと

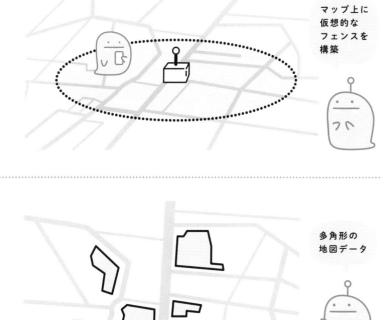

マップ上に
仮想的な
フェンスを
構築

多角形の
地図データ

来店コンバージョン

357 > **来店コンバージョン**
【 Store Visit 】

広告配信の結果、
実店舗に来店

解説 広告配信の結果として、何人のユーザーが実店舗に来店したのか
を計測できるプラットフォームが増えている。ただし、プラットフォー
ムごとに利用している位置情報ソースやアルゴリズムが異なるた
め、精度やカバレッジは大きく異なる点に注意が必要。

358 > コストパービジット
CPV
【 Cost Per Visit 】

コスト÷来店
コンバージョン数（円）

解説 1回の来店を促すためにかかる費用。来店単価ともいわれる。位
置情報技術の発展により、広告配信の結果どのくらいのユーザー
が来店してくれたかを計測できるようになってきている。

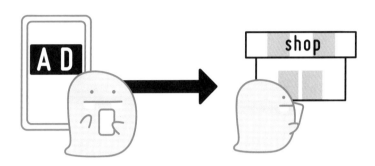

広告の
おかげで来店！

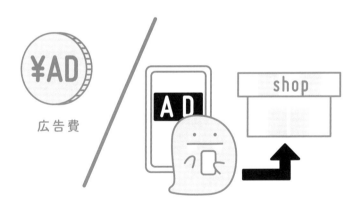

広告費

1回の来店を促す
ためにかかる
コスト

107 サブスクリプション
サブスクリプションビジネスとMaaS

359〉 サブスクリプション
【 Subscription 】

期間ベースの
サービス利用契約

解説 サービスや商品を利用する回数や量ではなく、利用する期間によって料金を請求するビジネスモデル。Netflix、DAZN、Amazon Prime などが具体例。ユーザーは利用回数を気にすることなく最新バージョンのサービスを利用でき、企業側は中期的に顧客と関係を持ち、継続的に収益を上げることが可能。Subscriptionは「定期購読」という意味。

[代表例] Netflix、DAZN、Amazon Prime

360〉 SaaS
サース
【 Software as a Service 】

クラウドベースの
ソフトウェア提供

解説 ソフトウェアをCD-ROMなどでダウンロードするのではなく、インターネットを通してクラウドにアクセスすることで、ユーザーが利用できるサービスのこと。クラウドサービスであるため、複数人で自由に管理・編集が可能。データをオンライン上に保存できるだけでなく、常に最新版のサービスを利用することができる。また、サブスクリプションモデルで提供されることが多いため、初期費用が安く、解約も容易である点がメリット。

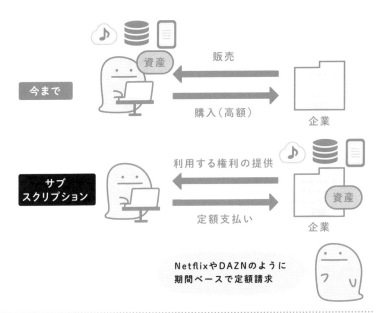

今まで

資産

販売

購入（高額）

企業

サブ
スクリプション

利用する権利の提供

定額支払い

企業

資産

NetflixやDAZNのように
期間ベースで定額請求

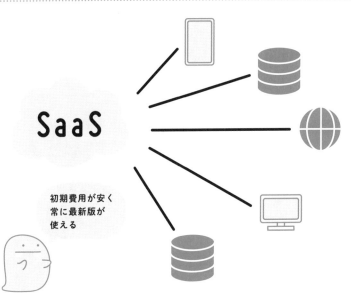

SaaS

初期費用が安く
常に最新版が
使える

361〉 **カスタマーサクセス** │ サービス利用時に
【 Customer Success 】 │ 顧客の願望を
　　　　　　　　　　　│ 満たすための取り組み

解説 サービス利用に対して顧客を成功に導く（目的を達成させる）ための手法のこと。カスタマーサポートのクレーム対応のように受動的な問題処理をするのではなく、潜在的な課題までを含めて包括的に把握し、顧客に先んじて問題を能動的に解決する。取り組みだけでなく、それらを担当する組織を指すこともある。サブスクリプションモデルは導入障壁を下げて中長期で収益化するモデルであるため、顧客の体験価値を最大化し、チャーンレートを最小化するカスタマーサクセスは非常に重要視されている。

362〉 **MaaS** （マース） │ 交通手段の
【 Mobility as a Service 】 │ サービス化

解説 自動車、バイク、電車などの交通手段は、今まではあくまでも製品や移動手段として捉えられてきたが、1つのサービスとしてそれぞれを統合し、予約、利用、決済まで一気通貫で行えるようにした世界や取り組みのことをMaaSという。

	カスタマーサポート	**カスタマーサクセス**

目的	疑問点や不満の解消	**顧客の成功**
KPI	対応件数	**売上（アップセル＆クロスセル）**
スタンス	守り、受動的	**攻め、能動的**
スパン	短期的	**中長期的**
関係部署	部署内完結	**様々な部署と連携**

**顧客のために
アグレッシブに問題を解決**

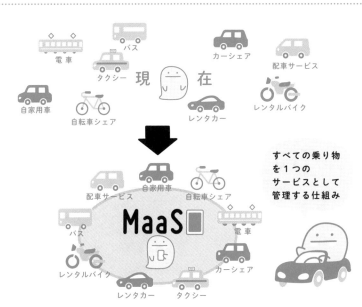

**すべての乗り物
を1つの
サービスとして
管理する仕組み**

363 〉 **BIツール**
ビーアイ
【 Business Intelligence Tool 】

**膨大な情報を
ビジュアライズし
経営に生かすツール**

解説 BIツールを使うことで、日々蓄積される膨大なデータとの接続性を高め、さらにそのデータをビジュアライズして様々な分析が容易になる。これにより経営の意思決定の質とスピードを高めていくことが可能。

［代表例］Datorama、Tableau

---

364 〉 **LPO**
エルピーオー
【 Landing Page Optimization 】

**ランディング
ページ最適化**

解説 ランディングページの構成を工夫するだけでなく、ツールの導入によってユーザーに応じたデザインやテキストなどの動的な変更をすることもLPOに含まれる。

［代表例］KaizenPlatform、DLPO

---

365 〉 **EFO**
イーエフオー
【 Entry Form Optimization 】

入力フォーム最適化

解説 入力時のエラー表示や、入力アシストによって離脱を防ぐこと。最適化ツールを入れて効率化していくことも含む。

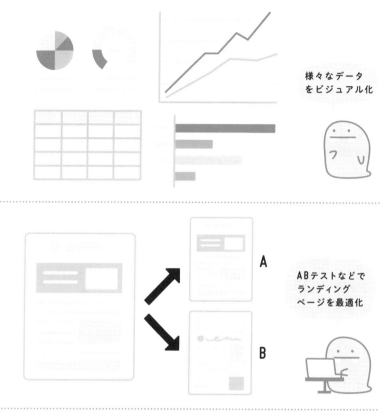

様々なデータ
をビジュアル化

ABテストなどで
ランディング
ページを最適化

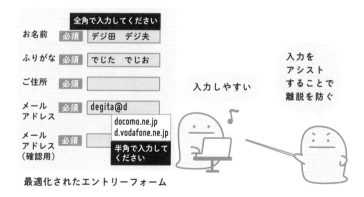

入力を
アシスト
することで
離脱を防ぐ

入力しやすい

最適化されたエントリーフォーム

289

≫ 参考文献・Webサイト

書 籍

- ●『ONE to ONEマーケティング　顧客リレーションシップ戦略』(ドン・ペパーズ、マーサ・ロジャーズ著／井関利明監訳／株式会社ベルシステム24訳／ダイヤモンド社／1995年)
- ●『新版 リスティング広告　成功の法則』(阿部圭司著／ソーテック社／2013年)
- ●『リスティング広告　プロの思考回路』(佐藤康夫、杉原剛、有園雄一、岡田吉弘、高崎青史、来田貴弘、西原元一著／KADOKAWA／2011年)
- ●『新版 SEM：リスティング広告 Googleアドワーズ＆Yahoo!リスティング広告対応　Web担当者が身につけておくべき新・100の法則。』(寳洋平、岡本典子、齊藤康祐著／インプレス／2012年)
- ●『この1冊ですべてわかる　CRMの基本』(坂本雅志著／日本実業出版社／2014年)
- ●『SFA・CRM 情報を武器化するマネジメント7つの力』(早川圭一著／クロスメディア・パブリッシング／2016年)
- ●『カスタマーサクセス　サブスクリプション時代に求められる「顧客の成功」10の原則』(ニック・メータ、ダン・スタインマン、リンカーン・マーフィー著／バーチャレクス・コンサルティング株式会社訳／英治出版／2018年)
- ●『カスタマーサクセスとは何か　日本企業にこそ必要な「これからの顧客との付き合い方」』(弘子ラザヴィ著／英治出版／2019年)
- ●『MaaS　モビリティ革命の先にある全産業のゲームチェンジ』(日高洋祐、牧村和彦、井上岳一、井上佳三著／日経BP社／2018年)
- ●『アフターデジタル　オフラインのない時代に生き残る』(藤井保文、尾原和啓著／日経BP社／2019年)
- ●『データ・ドリブン・マーケティング　最低限知っておくべき15の指標』(マーク・ジェフリー著／佐藤純、矢倉純之介、内田彩香訳／ダイヤモンド社／2017年)
- ●『DSP/RTB オーディエンスターゲティング入門　ビッグデータ時代に実現する「枠」から「人」への広告革命』(横山隆治、菅原健一、楳田良輝著／インプレスR&D／2014年)
- ●『顧客を知るためのデータマネジメントプラットフォーム　DMP入門』(横山隆治、菅原健一、草野隆史著／インプレスR&D／2014年)
- ●『オンラインビデオ広告入門』(横山隆治、楳田良輝、榮枝洋文、松矢順一著／インプレスR&D／2014年)
- ●『必携 インターネット広告　プロが押さえておきたい新常識』(一般社団法人 日本インタラクティブ広告協会(JIAA)著／インプレス／2019年)
- ●『ネット広告がわかる基本キーワード70』(株式会社サイバー・コミュニケーションズ監修／MarkeZine編集部編著／翔泳社／2016年)
- ●『運用型広告 プロの思考回路　AdWords/Yahoo!/Facebook広告の効果を最大化するベストプラクティス』(佐藤康夫、杉原剛、有園雄一、岡田吉弘、高崎青史、坂萩馨、西原元一、清水一樹、和泉晴之、中川雄大、畑秀一郎、渡辺晃太、杉本晃一著／KADOKAWA／2016年)
- ●『検索にガンガンヒットさせるSEOの教科書』(渡辺隆広著／翔泳社／2008年)
- ●『現場のプロから学ぶ SEO技術バイブル』(西山悠太朗、小林睦著／マイナビ出版／2018年)
- ●『The Customer Journey「選ばれるブランド」になるマーケティングの新技法を大解説』(加藤希尊著／宣伝会議／2016年)
- ●『サブスクリプション　「顧客の成功」が収益を生む新時代のビジネスモデル』(ティエン・ツォ、ゲイブ・ワイザート著／桑野順一郎監訳／御立英史訳／ダイヤモンド社／2018年)
- ●『改訂2版 ネット広告ハンドブック』(徳久昭彦、永松範之編著／日本能率協会マネジメントセンター／2016年)
- ●『アドテクノロジーの教科書　デジタルマーケティング実践指南』(広瀬信輔著／翔泳社／2016年)

Web サイト

- ●インターネット広告における「個人関連情報」の取扱いに関するガイドライン等の取り組みについて
  - ……………………………………… https://www.ppc.go.jp/files/pdf/190329_shiryou1.pdf
  - （一般社団法人日本インタラクティブ広告協会）
- ●ad exchanger ……………………………… https://adexchanger.com/ (Access Intelligence)
- ●adv.yomiuri ……………………………… https://adv.yomiuri.co.jp (読売新聞)
- ●Amazon Advertising ……………… https://advertising.amazon.co.jp/help (Amazon)
- ●アナグラム ……………………………… https://anagrams.jp/
- ●アユダンテ ……………………………… https://ayudante.jp/
- ●Business Journal ………………………… https://biz-journal.jp/ (サイゾー)
- ●CREARCODE ……………………………… https://clearcode.cc
- ●電通報 ……………………………………… https://dentsu-ho.com/ (電通)
- ●DIGIDAY ……………………………… https://digiday.jp/ (メディアジーン)
- ●ディーエムソリューションズ……… https://digital-marketing.jp/
- ●Digital Marketing Lab…………… https://dmlab.jp/ (広瀬信輔)
- ●ferret ………………………………… https://ferret-plus.com/ (ベーシック)
- ●業界人間ベム ……………………………… http://g-yokai.com/
- ●automatad ……………………………… https://headerbidding.co/consent-management-platform-cmp/
- ●GroundTruth ……………………………… https://jp.groundtruth.com/
- ●マルケト ……………………………… https://jp.marketo.com/ (アドビシステムズ)
- ●コトバンク………………………………… https://kotobank.jp/ (朝日新聞、VOYAGE MARKETING)
- ●fluct magazine …………………………… https://magazine.fluct.jp/ (fluct)
- ●MarkeZine ……………………………… https://markezine.jp/ (翔泳社)
- ●RTB SQUARE …………………………… https://rtbsquare.work
- ●SATORI マーケティングブログ…… https://satori.marketing/marketing-blog/ (SATORI)
- ●SuperMagazine ………………………… https://supership.jp/magazine/ (Supership)
- ●Brightcove サポート ……………… https://support.brightcove.com/ (Brightcove)
- ●Google ヘルプ ……………………… https://support.google.com/ (Google)
- ●Yahoo!広告 ヘルプ ……………………… https://support-marketing.yahoo.co.jp/ (ヤフー)
- ●Unyoo.jp ……………………………… https://unyoo.jp (アタラ合同会社)
- ●Web 担当者 Forum ……………………… https://webtan.impress.co.jp (インプレス)
- ●A8.net ………………………………… https://www.a8.net/affiliate.html (ファンコミュニケーションズ)
- ●ALBERT ………………………………… https://www.albert2005.co.jp/
- ●Google ブログ ……………………… https://www.blog.google/ (Google)
- ●eMarketer ……………………………… https://www.emarketer.com/
- ●ExchangeWire …………………………… https://www.exchangewire.com/
- ●ExchangeWire JAPAN ………………… https://www.exchangewire.jp/
- ●FreeWheel ……………………………… https://www.freewheel.com/
- ●Interactive Advertising Bureau …… https://www.iab.com/
- ●インテージ ……………………………… https://www.intage.co.jp/
- ●アイレップ ……………………………… https://www.irep.co.jp/
- ●LOTAME ………………………………… https://www.lotame.com/
- ●マクロミル ……………………………… https://www.macromill.com/
- ●Native Advertising ………………… https://www.outbrain.com/native-advertising/ (Outbrain)
- ●セールスフォース………………………… https://www.salesforce.com/
- ●SEO HACKS ……………………………… https://www.seohacks.net/ (ナイル)
- ●SpotX ………………………………… https://www.spotx.tv/
- ●Think with Google …………………… https://www.thinkwithgoogle.com/ (Google)

≫ 索引 (単語・略語・関連語)

» 索引（英語）

著者紹介

村山 亮太 （むらやま・りょうた）

株式会社 VOYAGE GROUP 社長室室長
滋賀県立彦根東高等学校、早稲田大学法学部卒業。2010 年電通入社。2014 年、電通 PMP （プライベート・マーケットプレイス）を構想しプロジェクトを推進。2016 年には「テクノロジー・ブランディングラボ」を立ち上げ、デジタル広告×ブランディングにおけるソリューション開発をするとともに、「アドベリフィケーション推進協議会」を設立し、同協議会が行う広報活動を支援。2017 年、電通の DMP である People Driven DMP の構築に従事。2018 年には日本初となるプレミアム動画コンテンツ（キャッチアップ、アーカイブ、映画コンテンツなど）の統合的なプログラマティック・バイイングを可能にする「Premium View インストリーム動画広告」をプロデュース。2019 年にはインターネットラジオコンテンツと音楽コンテンツでの統合的な広告買付を日本で初めて可能にする「Premium Audio 広告」をリリース、また LIVEBOARD 社などと協業し「Premium DOOH 広告」をローンチ。その他、新規事業開発では、2018 年に「電通ブロックチェーンコミュニティー」を立ち上げ、ビジネスでの利活用を模索している。2019 年 3 月より株式会社 VOYAGE GROUP にて現職。

イラストレーター紹介

糸乗 健太郎 （いとのり・けんたろう）

兵庫県立豊岡高等学校、金沢美術工芸大学卒業。2001 年電通入社。2018 年より電通デジタルに出向しデジタル広告を学んでいる。これまでアートディレクターとして様々な広告を作りつつ、ポイントサービス Ponta の「ポンタ」、テレビ東京の「ナナナ」、首都高速道路株式会社の「Mr.ETC」などのキャラクターデザインを手がける。またフリーペーパー R25 で「キメゾーの決まり文句じゃキマらねえ」の漫画連載、パンクロックバンド「忘れらんねえよ」のアートディレクションなど広告以外でも幅広く活動中。

企画　村山 亮太
　　　高田 了
　　　株式会社翔泳社
　　　株式会社電通デジタル 広報一同

著　村山 亮太

イラスト／キャラクターデザイン　糸乘 健太郎
イラスト／デザイン　　　　　　　ふくまさ

装丁／本文デザイン　　　植竹 裕（UeDESIGN）
DTP　　　　　　　　　　佐々木 大介

「デジ単」
デジタルマーケティングの単語帳
イメージでつかむ重要ワード365

2020年1月22日　初版第1刷発行
2020年4月 5日　初版第2刷発行

著者　　　　村山 亮太
　　　　　　むらやま りょうた
イラスト　　糸乘 健太郎
　　　　　　いとのり けんたろう
発行人　　　佐々木 幹夫
発行所　　　株式会社 翔泳社（https://www.shoeisha.co.jp）
印刷・製本　株式会社 廣済堂

ISBN978-4-7981-6069-6　　　　　　　　　　　　　　　Printed in Japan